U0119254

科學天地　206
World of Science

觀念物理 **VI**

習題解答

蔡坤憲　著

觀念物理VI

目 錄

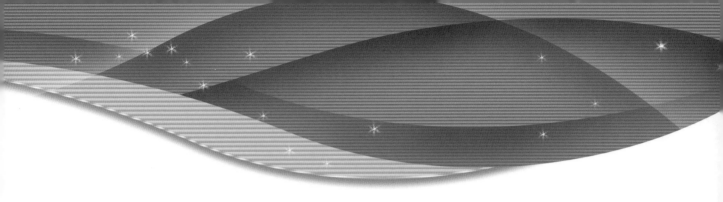

■ 觀念物理 第 V 冊　　　254

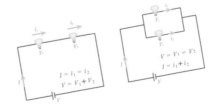

前　言

《觀念物理》與我

蔡坤憲

　　會知道《觀念物理》這本書，是我來到紐西蘭的懷卡托大學，開始攻讀科學教育博士學位以後，在和指導教授討論，如何幫助這裡的小學職前教師，學會一些基本的物理觀念，以有助於他們將來的教學時，他開宗明義告訴我：這些職前教師，絕大部分都沒有理工背景，所以不要用數學來教物理，而要從觀念出發。

　　對於像我這麼一個從小考到大、把教科書當「聖經」的人來說，面對紐西蘭這種沒有聯考、沒有教科書，在中學便能自由選課的學生，要設計出吸引學生的實驗教學，實在是有點困難。這麼說吧，如果把聯考這個理由拿掉，我們還有什麼好理由可以用來要求學生，乖乖坐在教室裡，演算那些艱深、無聊的物理習題呢？何況這些職前教師，又有一大半都是 30 歲左右的「大人」。

　　經過在台灣這麼些年「學物理」與「教物理」的過程，我除了自

己練就了一手數學解題功夫之外，身為老師，在「社會壓力」之下，我也下過工夫鑽研，如何採用最有效率的辦法，幫助學生在考試中獲得「好成績」。可是，這種種的努力，在我決定想在物理教育中更上層樓時，彷彿卻像是走錯了方向。

在「不要用數學來教物理」的前提下，我開始去思考什麼叫做「學習」？「觀念」是什麼東西？「理解」又是什麼意思？為什麼我們要教學生理化（科學）或物理？我們到底又想教給他們物理裡的什麼東西？

我就是面對這樣的條件，在準備研究工作中的「實驗教學」時，先知道素來強調「物理觀念應先於數學」的作者，然後才發現了《觀念物理》。

我的物理之旅

「從觀念出發來教物理」，對很多人來說，也許不是新鮮事，但是對我來說，「教物理，不使用數學」卻是有點困難的事。我想，從我自己為何會選擇物理系的故事出發，也許比較容易說得清楚些。

印象中，在高中上物理課時，最常出現的感覺就是「不懂」！雖然老師也常強調，學物理要以觀念為主，但是，整堂的物理課下來，卻常常還是滿黑板的數學計算。而我也在老師開講的幾分鐘之內，便進入「鴨子聽雷」的狀態。

我想，我的高中數學程度，應該和大多數同學一樣，算是中等程度：基本問題大都可以應付，難題則不太一定。可是，我硬是無法理解物理課堂上的數學計算。

辛辛苦苦讀完高三物理，感覺幾乎是完全不懂。臨畢業前，學校

安排了吳靜吉博士來學校演講，算是鼓勵一下飽受聯考煎熬的我們。在他的演講當中，他邀請幾位自願的同學上台，說說自己的志願。當時，我很勇敢的上台，透過麥克風，向師長與所有的高三同學說：我將來想當高中物理老師，因為我現在完全聽不懂物理課，希望有朝一日可以幫助和我一樣學不懂物理的人。

　　我想先澄清一件事：我之所以覺得物理難學，不是因為我的物理老師們「有什麼不好」，而是「學科本身」所帶給我的挫折感。在我從事物理教育研究之後，對這個問題有更深刻的體會，也才知道，在這個世界上，曾為物理所苦的，絕對不是只有我一人，而希望能改進物理教育的人，更是不知凡幾。

　　完全在意料之中，物理是我大學聯考中，成績最低的一科。我當時的想法是：到大學裡，去弄懂高中時沒學會的物理。到了東海大學物理系，和別人不同，由於我的基礎稍差，我完全無法享受那種「由你玩四年」的大學生活。雖然自問還算用功，但成績一直平平。一直到大三、大四之後，漸漸才覺得自己有點開竅，也對「數學是物理的語言」這句話，比較有體會：我把數學當成「第三外國語」，時時不忘要把書中的數學式「翻譯」成我能理解的口語，在解題（考試或寫作業）時，又盡力把自己腦中的想法翻譯成數學式寫出來。這中間的過程，就像我們學英文那樣，從結結巴巴到逐漸流利一樣，真的也只能用「熟能生巧」來形容了。

　　大學畢業之後，沒有立即考上研究所，而是先到國中任教了一年。憑著對教學的直覺與熱情，我收穫很大，除了「教」之外，自己也「學」了不少。

　　從交通大學碩士班畢業之後，又回到中學的教學崗位，同時，也考到師範大學的教育學分班去進修。在這幾年的教學生涯中，我逐漸

瞭解到，除了物理本身的「難處」吸引我之外，我更好奇的是，爲什麼我（以及我的很多學生）會覺得物理這麼「難懂」！我想，這就是所謂的「教而後知不足」吧！

我的紐西蘭之旅

機緣湊巧，我來到了紐西蘭，在語言學校學英文的日子裡，我也在思考，人生的下一步該往哪裡走？我最後選擇了科學教育，這個轉行旅程的第一站，就是懷卡托大學的科學與科技教育研究中心。

紐西蘭的教育制度跟台灣不同，他們雖有全國會考，但沒有聯考，大學採申請入學，但學生的會考成績須達到某個最低標準。簡單來說，是採「入學從寬，畢業從嚴」的方式。大學科系沒有類似台灣或美國的那種排名，也沒有全國統一的教科書。老師上課的教材依據，就是一本手冊，內容把 13 年（按年紀分）的中小學教育，分成 8 個等級（按學力分），裡面摘要出來，有哪些的題材必須涵蓋在哪一「級」裡教授，然後，教師必須自組教材。由於他們不是把 13 年分成 13 個等級，也就是說，在某個國一（第 7 年）的班級裡，可能會同時有學力在第 3、4 或 5 級（小四到高一）的學生，之所以「無法」使用教科書的原因，就是因爲要顧及學生的個別差異（能力與興趣），以及因才施教。

對我這個從小到大，一路有「聯考」這座燈塔在指引方向，也有「聖經」教科書相伴的人來說，面對紐西蘭這種自由開放、完全不同的教學取向，在幫職前教師設計物理課程時，感覺實在有點迷惑。

這幾年，除了因爲研究工作，與教育學院中的小學職前教師（非物理主修）有較深的接觸之外，我也在物理系擔任助教的工作，協助

物理系和電子工程學系的同學，學習基礎的物理學。這些經驗除了再次印證，不論中外，物理都是大多數人頭疼的科目之一，也引發了我再次思考我們該如何學物理與教物理的問題。答案也不是把同學全部帶到物理實驗室，就可以解決的。

我無意在此提供一個完整的答案，也無意在此分析比較台灣或紐西蘭的教育現況，或為台灣的物理教育作出建言。我只想從一個基層老師的立場，跟大家（尤其是在學的同學）分享我的學習歷程，包括我自己學物理、教物理，以及學習教物理的一些經驗與想法。

我想從「到底這是寫給國中生還是高中生看的書？」開始談起。

思考是沒有界線的

相信大家知道，《觀念物理》這本書的英文版，是由一位優秀的高中物理老師，為「美國高中生」所寫的教科書。然而，由於台灣與美國在課程設計上的差異，以我個人在中學服務的經驗，我覺得它的內容也很適合台灣願意多用功、或程度稍好的國中同學閱讀。這是我當初之所以推薦這套《觀念物理》的主因。

當然，我同意，國中同學讀起這套書來，會稍稍感到吃力些，但這應該是「動腦」的樂趣，而非負擔。不過，若有老師或家長願意幫忙引導，那麼這套書的價值，就會遠超過一般著重在計算題的「自修」或「參考書」了。

我們常聽到，國外的中小學學生若要完成老師指定的作業，常常需要利用課餘時間，到圖書館查資料、寫報告，而比較不像我們，大多數的作業只是完成參考書裡的習題，或是寫寫測驗卷而已。為什麼會有這樣的差別？相信絕對不是外國人比我們聰明的關係！

關鍵之一在「語言障礙」。英語世界的學生，到圖書館去查資料，遇到的困難會比我們的學生少。因為，總體說來，英文的出書量較多，幾乎各種程度的讀者，都可以找到合適的書籍。即使是小學生，只要他或她有興趣，也有意願付出時間和努力，都可以從較簡單的書籍開始，逐漸研究到比較深入的書籍。

　　試想，某位國中同學對某個物理問題感興趣，在課本與參考書之外，還想進一步追求點什麼，結果，查到的資料竟是一本英文書。怎麼辦？先花個幾年時間，把英文讀好之後，再來學物理嗎？當然不是！目前國內許多有心的出版社，致力於翻譯書籍的出版，用意之一便是要降低讀者在語言上的障礙，以及豐富中文世界的文化資產。

　　以國內的國中同學為例，除了理化課本與坊間參考書之外，實在少有既與課本題材相近（不過分深奧），又與日常生活相關，足以提供師生「討論、對話」的課外書籍。在除去語言障礙之後，我希望，對大部分的同學來說，《觀念物理》不只是一套幫助考試用的「參考書」，而是一套可以刺激思考、引發討論的「課外書」。就這個觀點來說，國中與高中的界線，就不是那麼重要了，不是嗎？

　　反過來說，對台灣的高中同學而言，乍看之下，可能會覺得這套書似乎「太簡單」了，為什麼？因為到處是漫畫，又看不到數學公式，不講計算題，更沒有聯考題。結果，同學反倒輕忽了能從《觀念物理》進一步理解某些觀念的機會。事實上，《觀念物理》所討論到的觀念，有些已經超出台灣的高中教材，第 II 冊後半的狹義相對論，或第 V 冊的核物理都是例子。然而這些「高深」的物理，在觀念上不僅不難理解，而且非常有趣，也與生活息息相關。

　　教科書有教科書的限制，它所能提供的，只是骨架般的知識，其中的血肉，還需要老師的補充與引導，以及同學自己的思考。教科書

所設定的讀者，一般是程度中等的學生，加上授課時數的限制，所以，有國中、高中的分別，有些觀念在某個年級必須先省略不講等等。然而，這樣的省略，有時反而造成理解上的困難，或阻礙了學習的樂趣。這就是為什麼我們需要有課外書的原因！

此外，雖然台灣「僵化的教育制度」必須改變，「考試文化」罪大惡極……云云，但是，回想哥白尼當初發現原來是地球繞著太陽轉時，整體社會文化對他的迫害，可能是我們無法想像的；不過，「眾人皆醉」的社會，影響不了、也限制不了他的思考。我想，哥白尼故事的重要啟示之一是：只要你願意，沒有任何人，可以限制我們自由而獨立的思考。

寫這些，不是想推銷《觀念物理》這套書，而是希望能釐清一些對（物理）學習的觀念：思考和學習，都是沒有邊界的；學物理更是不一定非用到高深的數學不可。不論你是國中或高中同學，《觀念物理》這套書都有很高的可讀性，也許對學校的考試而言，不是那麼「直接」有幫助，但是，就學習或思考的樂趣而言，絕對不是考試分數可以提供的。

拋磚引玉

在「天下文化」林榮崧先生向我邀稿，希望撰寫《觀念物理》的習題解答之前，我曾在網路上回覆過讀者以下的文字：

這套書原本沒有「習題解答」的設計，理由很簡單，因為可能不是那麼需要。基本上，幾乎書中的每一道問題，都可以從課文中找到「思考線索」。此外，我相信，沒有任何一位理化或物理老師，會拒絕

和同學討論書中的問題。如果是已經離開學校的讀者，身邊實在找不到任何人可以討論，那麼，利用天下文化的網路留言版，或是其他的網路社群，應該會有很多人都會願意和你分享他們的思考。

很多物理問題，其實並沒有一個「標準」答案。在思考的過程中，我們常常在尋找的，只是一個「好」的答案，而不是一個「對」的答案。

我也想建議讀者，打開筆記本，寫下你自己的「習題解答」！（不必害怕對與錯。）儘量詳細寫下「你自己」的想法，為自己思考與學習過程，留下紀錄，那將會是你一生的寶藏！

雖然我答應了，也寫了這本習題解答，不過，我的想法還是沒變，我希望這本習題解答，是《觀念物理》的一個延伸，是一個新的起點，而不是終點。就像我在《觀念物理》的導讀所寫的，希望這套書，能引起大家的對話與討論；我是以討論的心態，來寫這些解答的：我說出我的想法，也知道你一定有你的想法，但是，千萬別讓我的想法（磚），阻礙了你的想法（玉）！

撰寫說明

由於每位同學的需求不同，而且還有國中與高中的程度差異，所以，在解答的過程中，我儘量顧及不同程度同學的需求。但為求正文的精簡，有些內容則是採用「小方塊」、「觀念引介」、「深入演練」的注解方式來表達，以免讓正文顯得冗長，或是讓部分同學仍然無法理解。

我認為原書「借題複習」的部分，應該不必再寫解答，只要按照

原書標示的章節，都可以找到答案的。而且，「借題複習」的目的是「複習」，同學應該盡量試著用「自己的話」說一遍。所以，我解題的重心就放在「想清楚，說明白」、「沙盤推演」與「實戰演練」上。

在格式上，說明的文字，為了閱讀上的方便，單位儘量用中文表示，但在數學式中，則以標準英文字母（沒有斜體）表示；物理量或函數則用斜體字母表示。在計算過程中，為了避免誤解，我把每個物理量都加上單位。範例如下：

$$d = v_0 t + \frac{1}{2}at^2$$
$$= (5\,\mathrm{m/s})(0.5\,\mathrm{s}) + \frac{1}{2}(-10\,\mathrm{m/s}^2)(0.5\,\mathrm{s})^2 = 1.25\,\mathrm{m}$$

式中的 d 表示下落距離，t 表示經歷時間，物體的初速率是 5 公尺／秒，加速度是負 10 公尺／秒^2。下落 0.5 秒之後，總共下落的距離是 1.25 公尺。

誌 謝

　　《觀念物理》這套書在出版之後，得到很大的回響。有許多細心的讀者、同學，幫忙挑出一些打字排版上的錯誤。個人在此，藉著這個機會，希望代表整個工作團隊，為先前出現的錯誤，造成讀者的不便，向大家致歉，也謝謝大家的鞭策和鼓勵。

　　我也希望對所有促成這本習題解答問世的所有幕後工作人員，致上誠摯的謝意，尤其是編輯林榮崧先生對我初稿的寶貴意見；這本書的美術設計暨插圖繪製者江儀玲小姐，她彌補了我拙劣的繪圖能力，讓本書生色不少；以及不吝和我分享思考的同窗好友張煌明與舍弟蔡坤洲。

　　最後，我希望這是一本有點不太一樣的「習題解答」，也希望透過這本解答的出版，讓《觀念物理》這套書能更完整、更適合台灣同學的閱讀，也對同學有些實質上的幫助。

觀念物理 I

Conceptual Physics - The High School Program

牛頓運動定律・動量

第 1 章

淺談學習物理的方法

　　原書第 1 章的習題，大都沒有標準答案可言。關於「科學」或「物理」，也不是簡短的三言兩語就可以說清楚的，所以我希望把這份思考的工作，留給讀者同學。我改在這裡簡單討論一下，物理的學習方法。當然，要如何才能學好物理？同樣也是個沒有標準答案的問題。我想從比較物理初學者與物理學家之間的差異，希望能對同學有所啓示，進而發展出屬於自己的一套讀書方法。

「學校物理」與「眞正物理」的不同

　　首先，我們要知道，在學校裡學物理，和眞正的物理研究工作最大的不同是：學校裡所教的大多是「正確的」物理知識，讓同學在「正確」中學習；而眞正的物理（或科學）研究，卻常是從「錯誤」中

學習。因此，在學校物理中，我們常在尋找標準答案，對錯誤的想法往往並不很重視；但眞正的物理研究中，卻總是在鑽研爲什麼有這樣的錯誤。

　　然而，這並不是說學校物理有什麼不對，而是我們不應該把標準答案或教科書，視作是物理的全部，而束縛了我們的思考。牛頓名言中的「巨人的肩膀」，就是對學校物理最好的描述：由於有這個肩膀，我們因此可以看得更遠。推翻亞里斯多德「正確了二千多年」物理學的伽利略也說過：我所反對的不是亞里斯多德的學說，而是對這個學說的盲目信仰、不加批判。

　　因此，在學習物理的過程中，除了要學會已知的事實、定律與定理之外，也別忘了「科學只是暫時性眞理」的這個特性，常常帶著批判與獨立思考的態度，主動學物理，而且不必怕犯錯。

初學者與物理學家之間的差異

　　一般初學者與科學家之間，有三個主要的不同。首先，由於實驗設備或儀器的幫助，例如顯微鏡、望遠鏡、人造衛星、太空梭等，科學家對自然現象的經驗，比起一般人或初學者來得多。因此，同學在接觸到任何物理新知時，不要只是想把結論或結果記下來，而是要去留意，這個理論或發現是透過什麼儀器或實驗步驟，才得出這樣的結論。雖然有許多實驗無法在中學實驗室裡完成，但是透過文字或影片，以及師長的說明等等，還是能擴展我們有限的感官經驗。

　　不過，我們也不必「迷信」這些實驗所得的結論，同學可以自己設想，若你是物理學家，你會怎麼來設計這個實驗？其實，科學家也是常常經由參考別人的實驗或理論，來設計或改善自己的實驗或學

說。因此，若有機會參加科學展覽等活動，同學應該要把握，盡情發揮自己的想像力與創造力，或是主動和師長討論你的想法。

其次，對自然現象提出解釋時，一般初學者對「一致性」的要求往往不高；反之，科學家對科學理論彼此之間是否有矛盾存在，則是非常重視。舉個常見的問題為例，一本書靜止在桌上，它受有哪些作用力？很多同學也許只會回答出重力或地心引力（朝下），而忽略了桌子施給書本的支撐力（朝上）。可是，若是把場景改成，把書放在彈簧上（如右圖），相信大多數的同學就會認為，書本除了受有朝下的重力之外，彈簧也給了書本一個朝上的作用力。

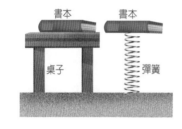

然而，對物理學家來說，解釋這兩個現象的原理是完全相同的，因此，若你對上述問題有不同的解釋的話，那麼就是忽略了「一致性」的問題。

物理學家往往期望在看似毫不相關的自然現象中，找到共通的原理原則；牛頓看到掉落的蘋果與月亮繞地球之間的關係，從而提出的萬有引力定律，便是很好的例子。而在面對未知的現象時，科學家則是希望能先從已知的事實、定律或原理中，找到合理的解釋；由天王星的攝動現象，發現海王星與冥王星的存在，就是個很好的例子。其他還有很多看似石破天驚的發現，例如相對論或量子論，都是在運用既有的知識，想去理解新的現象卻行不通時，「很自然」的發現或創造出來的新理論與新學說。這個對「一致性」的追求，愛因斯坦很貼切的說了「科學不過是每天思考的提煉而已」這句名言。

最後，在推理自然現象時，初學者往往只能藉助具體的事物或現象，而科學家則較會使用一些抽象的理論模型。例如分析一顆掉落的石頭時，初學的同學往往認為，重的石頭會掉落得比較快，然而科學家卻會從力與加速度的關係，甚至從動能與位能的變化來思考。

物理教育的重要目標之一，是希望同學能學會這些思考的工具（定義、定理等）。舉例來說，「功」就是一個抽象的物理概念，你用力去推一道牆，十分鐘之後，你累得半死，但是你所做的功卻等於零！又例如位能，一個物體，不論是放在低處與高處（具體現象），它都是同樣的一個物體，然而卻具有不同的重力位能（抽象觀念）。

為什麼會這樣？想理解這些概念，就得從「定義」出發。簡單來說，定義可說是科學家「發明」出來的思考工具，就像工匠使用的鐵鎚或螺絲起子一樣，大家都從學習使用這些工具開始，然後因為使用的經驗豐富，瞭解這些工具的威力，而一直沿用下來；或是遭遇到不可解決的問題，從而發現改進的空間，甚或發明新的定義、定理。

如何解題？

物理學家花了很多精神與心血，在理解自然現象，希望從中找出一些數量上的關係，以便能解釋或預測這些自然現象。因此，解題活動不論在學校物理或真正的物理，都扮演很重要的角色。然而，解題不是天才專屬的「黑盒子」，任何人，只要有心，藉由瞭解解題的過程，願意練習，熟能生巧，還是能大幅提升解題功力的，尤其是在學校物理的範圍裡。

波里雅（George Polya, 1887-1985）的《如何解題》（*How to Solve it*）一書，無疑是討論這個問題的經典。書中說到解題的四大步驟：

1. 瞭解問題：有哪些已知數與未知數。
2. 尋找關係：找出已知數與未知數之間的關聯；可從相關的定理、定律或模型等去尋找線索。
3. 數學計算：從上述的數量關係，實際執行數學運算。

4. 驗算答案：思考計算所得的答案，看看是否合理，或其物理意義爲何。

　　這四個步驟中的重頭戲，是在找出已知數與未知數之間的「數量關係」。所謂困難的題目，往往會讓同學感覺，題目並沒有提供「足夠」的已知數，而讓同學找不出合適的關係，此時，同學就得利用既有知識或常識，自己去補足這些條件。遇上這類題目，同學就得多花些時間思考，經過嘗試錯誤，或參考範例、請教師長同學等，才能找出自己思考上的盲點──由於遺漏了什麼觀念，導致無法在已知數與未知數之間拉上關係。要克服這類難問題，除了多做題目，累積經驗之外，實在沒有更好的解決辦法。

　　在解題上，同學另一個常出錯的地方，是在數學計算上。因此，同學要能區別出，自己是物理觀念不清楚？遺漏了什麼思考線索？或是在數學計算過程上出錯？從這些地方來自我診斷，就不難看出自己該在什麼地方去加強。

知不知，上矣

　　最後我想藉老子《道德經》裡的「知不知，上矣」這句話來做個總結。在遭遇學習困難的時候，若能稍微跳脫出來，自我分析一下，自己是「什麼（what）不懂」？再想想是「爲什麼（why）不懂」？在自己已經懂得的觀念，與正在學習的新知識之間，有什麼關聯或矛盾？很多的困難，往往在問過自己這些問題之後，自然就迎刃而解了。

　　本章的主旨，就是希望給同學，在自我診斷與克服學習困難上，提供一些可能的線索。

第一部

力學

第 2 章

直線運動

想清楚，說明白

1. 在日常生活中，「速率」與「速度」幾乎可說是同義詞，但在物理
學裡，這兩個詞有非常不同的涵義。

速度是一個包含有「速率（大小）」與「運動方向」的物理量＊，因
此，當我們說「物體有加速度」時，意思是物體的「速度」有了改
變；這會有三種可能：一是只有速率發生變化，二是只有運動方向
發生變化，第三則是速率與運動方向二者都有變化。

所以，一個有加速度的物體，可以只有運動方向改變，而速率保持
不變，最明顯的例子就是「等速率圓周運動」（如次頁上方的圖 1
所示）。

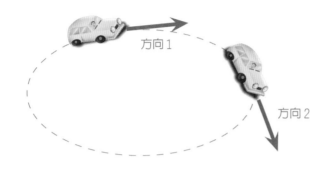

◀圖 1
沿著圓形軌道行駛的車子，在
運動方向上的變化

2. 一個以「等速率」進行「直線」運動的物體，不管它的運動有多快
   （或多慢），速率都是一個固定不變的量，而直線運動，就表示方向
   沒有改變。所以，雖然光速很快，但加速度卻等於零。

3. 在本章〈直線運動〉的範圍裡，因為運動方向不變，所以在討論加
   速度的大小時，我們只需關心，在某段時間內，物體的運動速率
   「改變」了多少（速率變化量）。

   汽車由 50 公里／小時增為 60 公里／小時，速率變化量是 10 公里
   ／小時；腳踏車由靜止增為 10 公里／小時，速率變化量也是 10 公
   里／小時。二者在相同的時間裡，有相同的速率變化量。從加速度
   的公式來看：

   $$加速度 = \frac{速率變化量}{經歷時間}$$

   由於分子、分母都相同，所以，二者的加速度大小相等，與原本的
   運動速率大小無關。

4. (a) 每隔 1 秒，速率計上增加的讀數，就是速率的變化量，也就是加速度的大小。在討論自由落體的運動時，它的加速度大小就是「重力加速度的大小」，課文中是取 9.8（公尺／秒 ^{2}）的近似值 10（公尺／秒 ^{2}）來討論。

以回答此問題而言，9.8 與 10 這兩個數值都是正確的。若需要加上單位[*]，則是 9.8 公尺／秒（或 10 公尺／秒），因為速率變化量的單位，與速率的單位相同。

(b) 當我們換到另一個行星時，物體受有新的重力加速度，每隔 1 秒，速率計上會增加的讀數，就是新的重力加速度大小，也就是 20 公尺／秒。

5. 當我們把自由落體上的速率計換成里程計以後，里程計上的讀數，是物體掉落的總距離，在物體著地之前，讀數當然會隨著時間的增加而增加。

不僅如此，每一秒的讀數「增加量」，也會隨著時間的增加而增加，因為物體掉落的速率愈來愈快，所以，每一秒內的掉落距離都會增大。

6. 在忽略空氣阻力的影響下，地表附近的物體，因地球引力的影響，都受有一個向下的重力加速度，大小是 9.8 公尺／秒 ^{2}。

垂直上拋的球，在球離手之後，只受有地球的引力，而不再受有來自手的作用力（這個觀念非常重要）。所以，當用手上拋一顆球時，來自手掌的作用力，給了球一個上升的速度；球離手之後，來

*計算單位

一個完整的物理量，包含了「數字」與「單位」，所以，在思考問題或做計算時，把單位一起考慮進去，是很重要的好習慣。

自地球的引力，給了球一個向下的加速度，讓球在上升過程逐漸減速，然後靜止（在最高點時，球是「瞬間靜止」的），接著再返回地面。因此，

(a) 上升過程每秒所減少的速率，等於 9.8 公尺／秒（或 10 公尺／秒）。

(b) 下降過程每秒所增加的速率，也等於 9.8 公尺／秒（或 10 公尺／秒）。

(c) 因為上升與下降的過程，有著相同的距離與相同的加速度，所以，花費的時間也會相等。

7. 只要瞭解「等速度」運動與「等加速度」運動的差別，就能瞭解第 I 冊第 35 頁的表 2.2 與第 39 頁的表 2.3 之間的數值並沒有矛盾。

以「等速度」運動的物體而言，物體的「加速度為零」，物體運動距離等於速率乘以時間。對有加速度的物體而言，運動距離的計算方式比較複雜。此問題所討論的自由落體運動是「等加速度」運動，計算運動距離的方法有二：

第一是：

$$距離 = 平均速率 \times 時間 = \frac{初速率 + 末速率}{2} \times 時間$$

$$= \frac{0\,\mathrm{m/s} + 10\,\mathrm{m/s}}{2} \times 1\,\mathrm{s} = 5\,\mathrm{m}$$

第二是：

$$距離 = \frac{1}{2}gt^2 = \frac{1}{2}(10\,\mathrm{m/s^2})(1\,\mathrm{s})^2 = 5\,\mathrm{m}$$

二個方法都得出相同的答案。

8. 請參考第 6 題的解答。垂直上拋的球，在最高點時的瞬時速率是零。其加速度則是從離手之後，就一直是 9.8 公尺／秒^2（向下），如圖 2 所示。

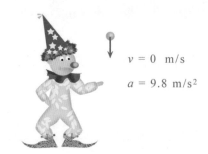

▶圖 2
球在最高點的瞬時速度為零（靜止），
加速度是 9.8 公尺／秒^2。

$v = 0$　m/s
$a = 9.8$ m/s^2

加速度、速度與距離*三者的關係是：速度是距離的變化率，加速度是速度的變化率。三者沒有必要一定有相同的數值，就像在第 2 題中的光速，雖然運動速率很快，加速度卻等於零。

*距離 vs. 位移

嚴格來說，應採用「位移」來取代「距離」這個詞，因為位移是向量，而距離是純量。在原書課文中，因為著重在物理觀念的討論，並沒有嚴格區分這二者的不同，但讀者在學會向量的觀念後，便能瞭解位移相對於距離，就像速度相對於速率。

沙盤推演

1. 依平均速率的定義：

$$平均速率 = \frac{運動的總距離}{總時間} = \frac{140\ \text{m}}{5\ \text{s}} = 28\ \text{m/s}$$

2. (a) 依平均速率的定義：（注意單位換算）

$$平均速率 = \frac{運動的總距離}{總時間} = \frac{4 \text{ km}}{30 \text{ min}} = \frac{4 \text{ km}}{0.5 \text{ h}} = 8 \text{ km/h}$$

(b) 距離 ＝ 平均速率 × 時間 ＝（8 km/hr）(1 hr) ＝ 8 km

3. 依加速度的定義：

$$加速度 = \frac{速率變化量}{總時間} = \frac{10 \text{ km/h} - 0 \text{ km/h}}{10 \text{ s}} = 1 \text{ km/h·s}$$

 觀念引介

單位換算

在公制單位系統中，物理學家常以 m/s²（公尺／秒²）為加速度的單位，我們利用這個機會，把 1 km/h·s（1 公尺／小時·秒）改成以 m/s² 為單位，希望能幫助同學更瞭解，為何在分母會出現「秒平方」的道理：

$$1 \frac{公里}{小時·秒} = 1 \frac{公里}{小時·秒} \times \frac{1{,}000公尺}{1公里} \times \frac{1小時}{60分} \times \frac{1分}{60秒}$$

$$= 0.28 \frac{公尺}{秒^2} = 0.28 \text{ m/s}^2$$

同學應該可以看出來，這個單位換算的原理，在於我們把「數字」與「單位」視為一個整體，以及任何數乘以 1 之後，還是等於它自己。

所以，我們創造出很多個 1（分子等於分母），第一個 1 的分母是「1 公里」，分子是「1,000 公尺」，第二個 1 的分母是「60 分」，分子是「1 小時」。

在計算的過程中，我們不只要計算數字，也要計算單位，所以，我們可以得出 1 km/h·s 等於 0.28 m/s^2 這樣的結論。這樣的計算單位換算的方式，稱爲「因次分析」。

因此，在思考爲何「秒^2」會出現在分母時，應該要知道這是加速度的單位，而加速度是速度的變化量，也就是說，就單位而言，我們必須把速度的單位，再除以一次時間，如果以「公尺／秒」爲速度的單位，再以「秒」爲時間單位，加速度的單位自然是「公尺／秒^2」。原題的速度單位是「公里／小時」，時間單位是「秒」，所得的加速度單位就是「公尺／小時·秒」。

4. 加速度的定義可以寫成：

$$加速度 = \frac{速率變化量}{總時間}$$

利用簡單的代數計算（移項法則），我們可以得出：

$$速率變化量 = 加速度 \times 總時間$$

由於「速率變化量＝末速度－初速度」，所以，上式可以再改成：

$$末速率 － 初速率 = 加速度 \times 總時間$$

再利用移項法則一次，我們可以得出：

$$末速率 = 初速率 + 加速度 \times 總時間$$

原題目雖然沒有明確說出,物體是從靜止開始進行加速運動,但是我們可以作此假設,也就是物體的初速率為零。因此,第 10 秒末的速率為:

$$末速率 \;=\; 0 \text{ m/s} + (2 \text{ m/s}^2) \cdot (10 \text{ s}) \;=\; 20 \text{ m/s}$$

5. 如果我們以 a 來表示加速度,v_i 表示初速度,v_f 表示末速度,t 表示總時間,那麼,我們就可以用「很數學」的方式,來算這一題。

$$a = \frac{v_f - v_i}{t}$$

$$at = v_f - v_i$$

$$\begin{aligned} v_f &= v_i + at \\ &= 0 \text{ m/s} + (5 \text{ m/s}^2)(3\text{s}) \\ &= 15 \text{ m/s} \end{aligned}$$

6. 與第 4、5 題的解法相同,只要把加速度 a 換成重力加速度 g:

$$\begin{aligned} v_f &= v_i + gt \\ &= 0 \text{ m/s} + (10 \text{ m/s}^2)(1.5\text{ s}) \\ &= 15 \text{ m/s} \end{aligned}$$

7. 這一題主要是希望同學能區別出「瞬時速率」與「平均速率」的差別。依定義,第 6 秒末的瞬時速率是:

$$v_f = gt = (10 \text{ m/s}^2)(6 \text{ s}) = 60 \text{ m/s}$$

希望同學有注意到，因爲 $v_i = 0$（靜止），所以，我們在計算式裡，就直接省略了這一項。

從第 2.6 節「自由落體：掉落的距離」的課文，我們知道：對一個等加速度、做直線運動的物體，只要把初速率與末速率相加之後，再除以 2，就是平均速率（見《觀念物理 I》第 38 頁）。利用這個方法，可以得出物體在這 6 秒內的平均速率是：

$$平均速率\ \overline{v} = \frac{v_i + v_f}{2}$$
$$= \frac{0 \text{ m/s} + 60 \text{ m/s}}{2} = 30 \text{ m/s}$$

至於下落的總距離則是：

$$距離\ d = 平均速率 \times 總時間 = (30 \text{ m/s})(6 \text{ s}) = 180 \text{ m}$$

 觀念引介

「定義」與「公式」

細心的同學可能會想到，爲什麼不用

$$d = \frac{1}{2} g t^2$$

這個公式來計算下落距離呢？這當然也是可以的：

$$d = \frac{1}{2}gt^2 = \frac{1}{2}(10\ \text{m/s}^2)(6\ \text{s})^2 = 180\ \text{m}$$

兩種方式都得到相同的答案（下落 180 公尺）。如果同學回憶一下「平均速率」的定義（第 2.2 節，第 I 冊第 26 頁）：

$$平均速率 = \frac{運動的總距離}{總時間}$$

我們把所得的數字代入，可以得出：

$$平均速率 = \frac{180\ \text{m}}{6\ \text{s}} = 30\ \text{m/s}$$

也是得出和先前相同的答案。

我們總共用了兩種不同的方法，來解這個題目。在此想提醒同學，在物理學中，「定義」是最基本的，適用範圍也最廣。以這題的第二種解法為例，可以用來計算各種不同運動的平均速率。至於第一種解法中，把初速率與末速率相加之後，再除以 2 的方式，則只適用於「等加速度直線運動」的物體；這種針對特殊條件或狀況所導出的關係式，我們一般稱為「公式」。

8. 我們直接採用自由落體的公式，來計算這一題：

$$v = gt = (10\ \text{m/s}^2)(8\ \text{s}) = 80\ \text{m/s}$$

$$d = \frac{1}{2}gt^2 = \frac{1}{2}(10 \text{ m/s}^2)(8 \text{ s})^2 = 320 \text{ m}$$

實戰演練

1. 運用先前提到單位換算的方法：

$$時間 = \frac{距離}{速率} = \frac{10{,}000\,公里}{1\,公里/年} = 10{,}000\,年$$

$$= 10{,}000\,年 \times \frac{1\,世紀}{100\,年} = 100\,世紀$$

2. 要解這道題，有幾個關鍵要瞭解。首先：對垂直上拋的物體而言，物體的上升與下落是兩個「對稱」的過程。就時間來說，物體從離手後，到抵達最高點的（上升）時間，等於從最高點又回到手中的（下落）時間。就速度來說，在相同的高度時，物體的速率相同、方向相反；如第 I 冊第 37 頁的圖 2.5 所示。

第二個關鍵是：上拋物體在最高點時的瞬時速度等於零；也就是說，在那一瞬間，物體是靜止的（速率為零），此時沒有運動方向的問題。

綜合這兩個觀念，我們可以知道，在把球拋出以後，若希望它在 6 秒以後回到手裡，那麼球在離手之後，花了 3 秒鐘，達到最高點，又用了 3 秒鐘，才回到手裡。所以，我們可以只把注意力集中在上升過程：未知數是球離手的速率（初速率 v_0），已知數有總時間是 3

秒鐘，抵達最高點的瞬間速率（末速率 v）是零。運用公式：

$$v = v_0 + at$$

在把數字代入這個公式之前，我們還需要討論一下加速度 a 的大小（第三個關鍵）。我們知道球離手時有個速率，球在離手之後，由於受有地心引力（或重力）的影響，會慢慢減速，在 3 秒之後變成靜止，由於這是個「減速度[*]」，所以，我們這裡的加速度 a 必須取「負值」，等於 -10 m/s² 。因此，

$$0 \text{ m/s} = v_0 + (-10 \text{ m/s}^2)(3 \text{ s})$$

移項之後可得：

$$v_0 = 30 \text{ m/s}$$

至於這個球會丟多高的問題，只需要把已知數代入公式

$$
\begin{aligned}
d &= v_0 t + \frac{1}{2} at^2 \\
&= (30 \text{ m/s})(3 \text{ s}) + \frac{1}{2}(-10 \text{ m/s}^2)(3 \text{ s})^2 \\
&= 45 \text{ m}
\end{aligned}
$$

3. 請參考第 I 冊課文第 45 到 46 頁，關於「懸空時間」的解釋。

*減速度

比較嚴謹的說法，是利用「向量」的觀念，從速度與加速度的方向來討論：球離手之後的初速度，方向朝上；因重力引起的加速度（重力加速度），方向朝下。因為二者的方向相反，所以在數值上必須是「異號」，一個為正，一個為負。習慣上，我們取朝上的方向為正，朝下的方向為負（就是一般坐標系 y 軸的畫法）。

$$t = \sqrt{\frac{2d}{g}} = \sqrt{\frac{2\,(0.75\,\text{m})}{9.8\,\text{m/s}^2}} = 0.39\,\text{s}$$

記得還要把這個數字，再乘以 2，才是懸空時間。所以，這位運動員的懸空時間等於 0.78 秒（不到 1 秒鐘！）。

4. 與第 2 題的做法類似。鮭魚離開水面的初速度為 5 公尺／秒，離開水面之後，只受有朝下的重力加速度 10 公尺／秒²，所以，我們要先找出牠花了多少時間，飛到最高點，然後就可以知道牠可以跳離水面的高度。

利用公式：

$$v = v_0 + at$$

代入已知的數據：

$$0\,\text{m/s} = 5\,\text{m/s} + (-10\,\text{m/s}^2)\,t$$

移項之後，可以得出鮭魚飛到最高點所需的時間：

$$t = 0.5\,\text{s}$$

所以，牠可以跳離水面的高度為

$$\begin{aligned}
d &= v_0 t + \frac{1}{2} a t^2 \\
&= (5\,\text{m/s})(0.5\,\text{s}) + \frac{1}{2}(-10\,\text{m/s}^2)(0.5\,\text{s})^2 \\
&= 1.25\,\text{m}
\end{aligned}$$

拋體運動

想清楚，說明白

1. 兩個向量若方向相同，相加之後的合向量大小會最大；若方向相反，合向量的大小會最小。所以，合向量可能的最大值是 9（= 5 + 4），可能的最小值等於 1（= 5 – 4）。

2. 跟水流靜止的情形相比，移動速率會比較快。因為除了自己游泳的速度之外，還額外多出了水流的速度。如次頁上方的圖 3 所示。
真正的速度是你游泳的速度與水流速度的向量和，從圖 3 右方三角形的邊長關係可知，真正的移動會比較快。

3. 有遇到空氣阻力。因為在落地前的這 10 公尺裡，雨滴是等速率下落，此時空氣阻力大小剛好等於重力大小，二者方向相反，作用在

▶圖3
真正的速度是你游泳的速度與
水流速度的向量和,從三角形
的邊長關係可知,真正的移動
會比較快。

水靜止

你的速度

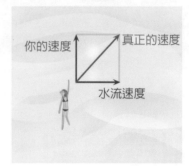

水流動

你的速度　真正的速度

水流速度

雨滴上的合力為零;此速率又稱為終端速率。

4. 題目中的「車窗」是指車子側邊的窗玻璃,而不是指前、後方的擋
風玻璃。當雨滴形成 45° 的斜紋時,車子的速率等於雨滴下落的速
率,如圖 4 所示。

$v_{車地}$

$v_{雨地}$

$v_{車地}$ = 車對地面的速度

$v_{雨地}$ = 雨滴對地面的速度

▶圖4
從等腰直角三角形的性質可
知:車子的速率 = 雨滴下落的
速率。

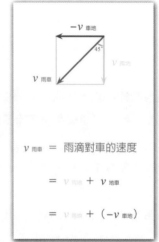

$-v_{車地}$

$v_{雨地}$

$v_{雨車}$ = 雨滴對車的速度

　　 = $v_{雨地}$ + $v_{地車}$

　　 = $v_{雨地}$ + (−$v_{車地}$)

5. 當車子的行車速率不變，卻朝著斜前方行駛時，速度在原方向的分量會減小，所以與前車之間的距離會增大。

6. 這個題目有兩個重要觀念：

(1) 垂直上拋的物體，在最高點的瞬時速率等於零（靜止）。

(2) 物體在垂直方向與水平方向的運動狀態，彼此是完全獨立，不會互相影響的。

所以，當物體垂直向上方發射時，它在軌跡最高點的瞬時速率等於零（因為沒有水平的速度分量）。

當物體以 45° 仰角發射時，在發射之初，物體的水平速度分量是 100 公尺／秒，垂直速度分量也是 100 公尺／秒。當物體抵達軌跡最高點時，垂直的速度分量減為零（因重力加速度的緣故），水平的速度分量還是保持不變，所以它在軌跡最高點的速率等於 100 公尺／秒。

7. 懸空時間只與跳躍速度的垂直分量有關，因為水平速度分量的大小與物體掉落的時間無關。

8. 因為跳躍的高度相同，所以懸空時間相同。有水平方向的速度分量，只是著地的地點不同而已，對懸空時間不會有影響。

9. 請參閱第 II 冊第 14 章的圖 14.4（第 129 頁）。當球的水平速率等於 8 公里／秒時，球在 1 秒的時間內，在水平方向會運動 8 公里（或 8,000 公尺），同時在垂直方向會掉落 5 公尺，這個比率剛好等於地球表面的曲率（或地表切線的斜率）。所以，雖然球是一直在「往

下掉」，卻不會碰到地面，而是繞著地球運行。

10.若衛星不受地球重力的影響，依牛頓運動定律，物體會做等速率直
線運動（如圖 5 所示），衛星會遠離地球，而不會繞著地球運轉。
所謂「繞著」地球運轉，其實就是「不斷朝地球掉落的過程」；也
請參見第 II 冊第 14 章的課文說明。

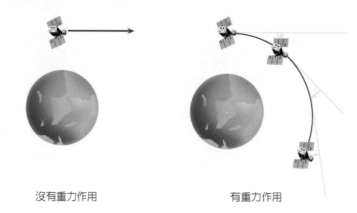

▶圖 5
若沒有重力作用，
人造衛星會沿直線軌跡運行。

沒有重力作用　　　　　　　有重力作用

沙盤推演

1. 順風的狀況，飛機的速度與風速同方向，合向量大小等於

$$200 \text{ km/h} + 50 \text{ km/h} = 250 \text{ km/h}$$

逆風的狀況，飛機的速度與風速反方向，合向量大小等於

$$200 \text{ km/h} - 50 \text{ km/h} = 150 \text{ km/h}$$

2. 若以北方為「正」方向，則朝南為「負」方向[*]，則這兩個向量可以寫成：

$$v_1 = 100 \text{ km/h}$$
$$v_2 = -75 \text{ km/h}$$

合速度等於

$$v = v_1 + v_2 = 100 \text{ km/h} + (-75 \text{ km/h}) = 25 \text{ km/h}$$

因為答案是正值，所以合速度是 25 公里／小時向北。

若兩個速度都是向北，則

$$v_1 = 100 \text{ km/h}$$
$$v_2 = 75 \text{ km/h}$$

合速度等於

$$v = v_1 + v_2 = 100 \text{ km/h} + 75 \text{ km/h} = 175 \text{ km/h}$$

因為答案是正值，所以合速度是 175 公里／小時向北。

3. 向量相加的圖解法，有平行四邊形法與封閉三角形法，請參考次頁的圖 6。但不論是哪一種圖解法，都需要用到畢氏定理來求出合向量大小（斜邊長）。本題的合速度的大小為：

$$v = \sqrt{(100 \text{ km/h})^2 + (100 \text{ km/h})^2} = 141 \text{ km/h}$$

> **[*]「負」方向**
>
> 數學中的「負數」又稱為「相反數」，凡是意義相反的數量，例如上與下、東與西、盈餘與虧損等，在抽象的數學語言中，都可以採一正一負的方式來表示。

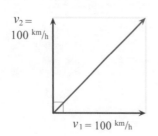 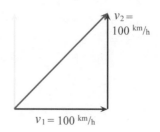

▶圖 6
(a)圖為平行四邊形法。
(b)圖為封閉三角形法：把箭號
　的頭尾相連，即可得出合向
　量。

4. 這一道題目雖然很簡單，但是我想它值得我們花些篇幅，多作一些
討論。

首先，對尚未學過三角函數的國中同學而言，可用相似三角形的邊
長比例關係求得解答。 45° 的等腰直角三角形是一種特殊的三角
形，邊長比例是 $1 : 1 : \sqrt{2}$，我們可以從畢氏定理，很容易理解
這個邊長比例關係，請參見圖 7 。

$$1 : 1 : \sqrt{2} \quad = \quad 水平分量：垂直分量：100$$

所以，水平分量＝垂直分量＝ 70.7 單位長。

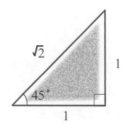

▶圖 7
等腰直角三角形，邊長比例是
$1 : 1 : \sqrt{2}$ 。

若按照慣例，把水平方向設為 x 軸，垂直方向設為 y 軸，則上式可
以用更數學的方式來表示：

$$1:1:\sqrt{2} \;=\; 向量_x:向量_y:100$$

答案當然還是一樣，向量$_x$＝向量$_y$＝ 70.7 單位長。

對於已經學過三角函數的國中同學或高中同學來說，計算過程可以
直接寫成：

$$水平分量 \;=\; 100 \times \cos 45° \;=\; 70.7\ 單位長$$

$$垂直分量 \;=\; 100 \times \sin 45° \;=\; 70.7\ 單位長$$

在這裡希望提醒一下，看到「三角函數」就會害怕的同學，其實上
面這兩個式子的意義，只是「三角形邊長比例關係」的運用而已。
怎麼說呢？如果同學記得：

$$sin\ 函數的定義是「對邊與斜邊的比值」$$

那麼以這一題為例，這 100 單位長就是斜邊長，垂直分量是對邊
長，而 $100 \times \sin 45°$ 的意義就是

$$100 \times \frac{對邊長}{斜邊長} = 100 \times \frac{1}{\sqrt{2}}$$

5. 如右圖 8 所示，合量的單位長是 5 個單位長。從向量的圖解來看，
這個合量的長度，恰好就是直角三角形的斜邊長。

▶ 圖 8
從畢式定理可知，
斜邊長是$(3^2+4^2)^{1/2}$ ＝ 5 個單位長。

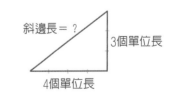

斜邊長＝？

3個單位長

4個單位長

▲ 圖 9

6. 如左圖 9 所示，斜邊是 5 單位長的三角形，較小的 37° 角，對邊是 3 單位長；較大的 53° 角，對邊是 4 單位長。三角形裡有個定理：大角對大邊，小角對小邊。

7. 我們在第 4 題討論過類似的問題。我們從相似三角形的觀念來解這一題，由於相似三角形的三個邊長比例關係都是相同的，所以水平夾角爲 37° 的三角形，其邊長比例爲 3 ： 4 ： 5，因此，對斜邊爲 10 個單位長的三角形而言，

$$水平分量 = 8 個單位長$$

$$垂直分量 = 6 個單位長$$

如圖 10 所示。

▶ 圖 10

兩個相似三角形，三個邊長的比例關係是相同的。

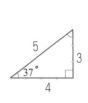

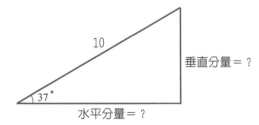

8. 利用三角函數的定義，參見次頁的圖 11 ：

$$水平分量（鄰邊長） = 向量長 \times \cos 53° = 10 \times \frac{3}{5} = 6$$

$$垂直分量（對邊長） = 向量長 \times \sin 53° = 10 \times \frac{4}{5} = 8$$

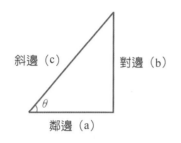

$$\sin\theta = \frac{對邊}{斜邊} = \frac{b}{c}$$

$$\cos\theta = \frac{鄰邊}{斜邊} = \frac{a}{c}$$

◀圖 11
三角函數 sin、cos 的定義

由於利用三角函數求解分量的方式，在高中物理很重要，我們以後都會用這個方式來做計算。

9. 仰角與俯角的意義，如圖 12 所示。

俯角：往下看的角度

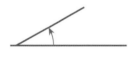

仰角：往上看的角度

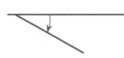

◀圖 12
仰角與俯角的意義

$$速度的水平分量 = 發射速率 \times \cos 53° = 20\,\text{m/s} \times \frac{3}{5} = 12\,\text{m/s}$$

$$速度的垂直分量 = 發射速率 \times \sin 53° = 20\,\text{m/s} \times \frac{4}{5} = 16\,\text{m/s}$$

若忽略空氣中的摩擦力，水平分量會保持不變，垂直分量則是決定飛行時間的因素。

10. 這是一個單純的單位換算問題，利用我們在第 2 章引介過的「因次分析」方法，把握「乘以 1」的原則：

$$8\,\frac{\text{km}}{\text{s}} \cdot \left(\frac{1\,\text{mi}}{1.6\,\text{km}}\right)\left(\frac{60\,\text{s}}{1\,\text{min}}\right)\left(\frac{60\,\text{min}}{1\,\text{h}}\right) = 18{,}000\,\text{mi/h}$$

附注：英里的英文是 mile(s)，縮寫是 mi 。

實戰演練

1. (a) 如圖 13 所示，當船頭朝著正對岸前進時，從岸邊的人來看，船其實是朝著下游方向運動，這就是向量具有合成性的例子。由畢氏定理可知船的眞正速率（合向量）爲

$$\sqrt{(6\,\text{km/h})^2 + (8\,\text{km})^2} = 10\,\text{km/h}$$

▶ 圖 13

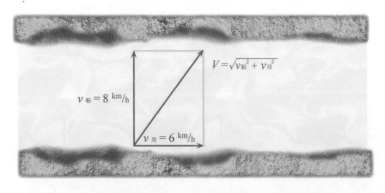

(b) 河水流速、船速與合向量（要把船划到正對岸的要求）三者的關係，如次頁的圖 14 所示；其中船速（v）、行進方向（θ）與河水流速（u）的關係爲正弦函數：

$$\sin\theta = \frac{u}{v}$$

即 $v\sin\theta = u$；由於划向對岸的速率與行進方向有關，因此水手必須同時控制方向與划槳的速率。

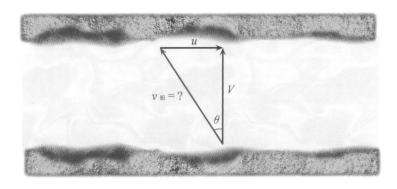

◀圖 14
想把船划到正對岸時，船頭要稍微轉向上游方向。

深入演練

常見的題目是讓划船的速率保持不變，也就是保持 8 公里／小時，此時船頭方向與正對著河岸方向的夾角 θ 為

$$\theta = \sin^{-1}\frac{6\text{ km/h}}{8\text{ km/h}} = 48.6°$$

船真正的行進速率（合向量）為

$$V^2 + u^2 = v^2$$

$$V = \sqrt{v^2 - u^2} = \sqrt{(8\text{ km/h})^2 - (6\text{ km/h})^2} = 5.3\text{ km/h}$$

由於船頭略為朝向上游方向，減慢了船真正橫渡過河時的速率。

2. 拋體在水平方向的速率會保持固定不變。因此，在這 2 秒的掉落時

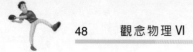
間裡，史特龍在水平方向的行進距離，就是他與游泳池的距離。

$$100 \text{ km/s} \times 2 \text{ s} = 200 \text{ m}$$

3. 雖然比較精確的重力加速度數值是 9.8 公尺／秒^2，但是我們用 10 公尺／秒^2 來做估算。物體的垂直高度會決定掉落的時間，依自由落體公式：

$$45 \text{ m} = \frac{1}{2} \times (10\frac{\text{m}}{\text{s}^2}) \times t^2$$

$$t = \sqrt{\frac{90 \text{ m}}{10 \text{ m/s}^2}} = 3 \text{ s}$$

因此，龐德與龐德女郎需要的水平速率大約是

$$v = \frac{15 \text{ m}}{3 \text{ s}} = 5 \text{ m/s}$$

每秒鐘 5 公尺的速率，也就是一百公尺跑 20 秒。要衝出這種速率，一點都不難。這告訴我們，007 也沒什麼了不起！

4. 假設目標與彈弓的高度相同，如次頁的圖 15 所示：因為重力作用的關係，在這 1.5 秒的飛行時間裡，彈丸會掉落的高度為（取重力加速度為 10 公尺／秒^2）

$$h = \frac{1}{2}gt^2 = \frac{1}{2}(10\frac{\text{m}}{\text{s}^2})(1.5\text{ s})^2 = 11.25 \text{ m}$$

假設彈丸還是需要 1.5 秒才能抵達目標，那麼，小藍波要瞄準目標上方 11.25 公尺的地方，才能擊中目標。

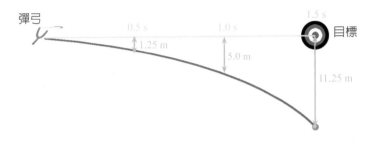

彈弓　　　　0.5 s　　　1.0 s　　1.5 s　目標

1.25 m

5.0 m

11.25 m

◀圖 15
水平發射的彈丸在 0.5 秒、1.0
秒與 1.5 秒時，分別掉落 1.25
公尺、5.0 公尺、11.25 公尺。

深入演練

精確來說，當小藍波提高瞄準的地方之後，彈丸離開彈弓的初速率
以及仰角角度，都會影響到彈丸在擊中目標前的飛行時間：

$$t = \frac{水平距離}{速度的水平分量} = \frac{x}{v_0 \cos\theta}$$

其中 x 表示小藍波與目標物的水平距離，v_0 是彈丸離開彈弓時的初
速率，θ 是發射時的角度。目標所在的高度為：

$$y = v_0 \sin\theta \cdot t - \frac{1}{2}gt^2$$

式中的第一項 ($v_0 \sin\theta \cdot t$) 是假設沒有重力作用的情況，彈丸的飛行
高度（如次頁的圖 16 所示），第二項是彈丸因重力而掉落的高度。
二者相減之後的高度，是彈丸真正的飛行高度（紅色實線軌跡）。
假設目標與彈弓的高度相同，那麼若要能擊中目標物，y 就必須等
於零。對此題而言，我們至少需要知道彈弓與目標間的水平距離，
或是彈丸射出時的初速率，才能求出精確的數值。

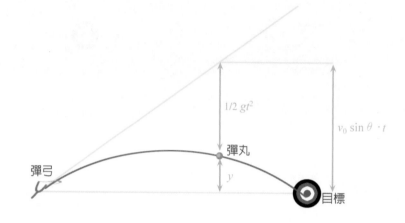

▶ 圖 16
時刻 t 時，彈丸的飛行高度 y 為 $v_0 \sin \theta \cdot t$ 與 $\frac{1}{2} g t^2$ 的差。

5. 在球掉落 20 公尺的時間內，它同時也飛行了 60 公尺的水平距離。由公式

$$H = \frac{1}{2} g t^2$$

我們知道，整個過程歷時：

$$t = \sqrt{\frac{2H}{g}} = \sqrt{\frac{2 \times 20 \text{ m}}{10 \text{ m/s}^2}} = 2 \text{ s}$$

在 2 秒的時間內飛行 60 公尺，需要的水平速率是

$$v = \frac{60 \text{ m}}{2 \text{ s}} = 30 \text{ m/s}$$

6. （解題方式同上題）這 125 公尺的高度決定了貨物的掉落時間，由於這箱貨物已有 50 公尺／秒的水平初速度，從這兩個條件，我們

可以得出跑車與這箱貨物著地時的距離。

貨物在著地前的飛行時間

$$t = \sqrt{\frac{2H}{g}} = \sqrt{\frac{2 \times 125\,\text{m}}{10\,\text{m/s}^2}} = 5\,\text{s}$$

所以，兩物相距

$$d = vt = 50\,\text{m/s} \cdot 5\text{s} = 250\,\text{m}$$

實戰結語

綜觀〔實戰演練〕這六道題目，最重要的觀念是，當我們把向量分解成兩個互相垂直的分量之後，這兩個分量就成了彼此獨立而不互相影響的兩個數量。這些題目的運動軌跡，看起來非常複雜，但若能把這些運動，分別從垂直方向與水平方向來分析（垂直方向是自由下落的等加速度運動，水平方向則是等速度運動，彼此互不干擾），問題便簡單了許多。

第 4 章

牛頓第一運動定律

——慣性

想清楚，說明白

1. 當後車的撞擊力量很大時，汽車椅背會把乘客快速的向前推，在沒有頭枕保護的情形下，由於慣性的緣故，乘客的頭部有「希望停在原處」的趨勢（慣性），使得頭頸急速向後仰，很容易造成頸部骨折。汽車座椅的頭枕設計，可以避免因頸部過度向後仰所造成的傷害。

2. 這個題目放在這一章，解釋起來有點複雜，我建議同學親自動手做實驗觀察，從觀察到的現象，來思考背後的物理原理。由於本章的主題是慣性，我們只就慣性來討論。

首先，若是我們很快速的推動車子，也就是讓車子有很大的加速度，由於慣性的緣故，相對於地面來說，車上的球傾向留在原地，對於車子來說，球則是會向後退（因為車子已經向前跑走了）。其次，若是我們緩緩讓車子加速，也就車子的加速度不大，那麼球會跟著車子一起加速，此時，相對於地面來說，球是向前進的，然而相對於車子來說，球卻是靜止的＊。

3. 質量是物體內所含物質的多寡。當汽車被壓成一個立方體之後，它的體積雖然改變了，但是所含有的物質並沒有增加或減少，所以質量不會改變。

　　重量是物體與地球之間的萬有引力◆大小，與物體質量、地球質量和地球半徑有關。由於汽車的質量不變，地球的質量和半徑也沒有改變，所以被壓成立方體之後的汽車重量，也不會改變。

4. 質量大的物體，慣性也大，維持等速率直線運動的趨勢也較大。換句話說，質量大的物體，比較難加速，也比較難改變方向。所以，當你用 Z 字型逃跑時，會讓追你的大象很難跟上。

5. 與第 3 題的說明相同。受擠壓的海綿，只有體積會發生變化，質量、慣性、重量都不會改變。

6. 答案類似第 2 題的解說。

　(a) 當你緩緩拉扯繩子時，這個很重的球會慢慢隨著你的拉力而向下移動，這會增加球上方繩子的張力，上半部的繩子比較可能先斷裂。這個現象，重量扮演著比較重要的角色。

＊球會轉動

這裡還有「轉動運動」可以討論。由於摩擦力所造成的力矩，不僅會讓球向前移動，也會讓球轉動或滾動。等學完第 11 章之後，同學可再次思考這個問題。

◆萬有引力

萬有引力又稱為重力。進一步的細節，請參考第 II 冊第 13 章〈重力交互作用〉。

(b) 若是你快速把繩子向下拉扯，由於球的質量很大，它的慣性會讓它留在原地，來不及跟著你的手運動，因此會造成球下方的繩子斷裂。質量在這個現象中，比重量來得重要。

7. 以圖 B 的方式（見第 I 冊第 107 頁，握把朝下）來敲鐵鎚，握把碰到工作臺而停下來時，鎚頭因慣性的緣故，會繼續向下運動，而讓鎚頭與鐵鎚貼得比較緊。若是讓鎚頭朝下、去敲工作臺，雖然敲擊的力量本身也會讓鎚頭變得比較緊，但在敲擊之後，我們會習慣性地讓鐵鎚向上彈起來，這時候，也是因為慣性，鎚頭希望停留在原處，不易隨握把向上運動，反而又讓鐵鎚與鎚頭之間鬆開來。

8. 如圖 17：拿一張紙片把滑輪遮起來，我們看到的是有兩條繩子拉著女孩，因此，彈簧秤的讀數等於女孩體重的一半。

▶ 圖 17
拿一張紙片把滑輪遮起來，我們看到的是 $2T = W$，因此 $T = 1/2W$。

9. 因為繩子斷掉了！所以亨利得請病假才行。以第 I 冊第 108 頁上方左圖的方式，亨利身上等於繫有兩條繩子，繩子的張力是 250 牛頓。但是右圖的方式，卻讓亨利的身上只繫有一條繩子，繩子的張力會超過 300 牛頓而斷掉。（原理同上面的圖 17，請拿一張紙，

把本題原圖的滑輪遮起來，會看得比較清楚。）

10.這個推論錯誤的地方，是忽略了「慣性」：若沒有任何不平衡的外力作用，動者恆動，靜者恆靜。直升機在升空前，相對於地球（華盛頓）來說是靜止的，這就告訴我們，它是隨著地球一起以每秒 30 公里的速率在運動。當我們讓直升機「垂直」升空時，在「水平」方向上，並沒有任何不平衡的外力，物體的慣性會讓動者恆動，所以當舊金山隨著地球自轉，轉到那個不動的定點底下時，直升機和華盛頓早已經一起轉離開了（如圖 18）。

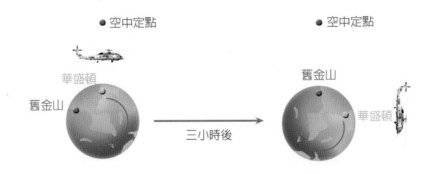

◀圖 18
直升機不會亂搞飛機

11.兩手的夾角愈小，所產生的合力愈大，所以 a 圖中的手臂張力最小。c 圖的姿勢等於是用一隻手臂而已，張力最大。

12.這條鐵鍊若是呈現水平拉直的狀態，就代表它在垂直方向上沒有力的分量，也就「無力」平衡掉書本的重量（垂直方向的重力）。所以，不管這位大力士在水平方向上施多大的力，都沒辦法把鍊子拉直（如右圖 19）。

▲圖 19

沙盤推演

1. 在觀念上，我們首先要知道，重量是一個作用力：物體受到的重力大小。重量（W）與質量（m）的關係為

$$W = mg = (50 \text{ kg})(9.8 \text{ m/s}^2) = 490 \text{ N}$$

附注：原書在重力加速度的數值上，多採近似值 $g = 10 \text{ m/s}^2$ 來計算。為適應台灣同學的習慣，我們在習題解答的過程中，大多還是採用 9.8 m/s^2。

2. 和第 1 題的道理一樣。重量（W）與質量（m）的關係為

$$W = mg = (2{,}000 \text{ kg})(9.8 \text{ m/s}^2) = 19{,}600 \text{ N}$$

3. 重量（W）與質量（m）的關係為

$$W = mg = (2.5 \text{ kg})(9.8 \text{ m/s}^2) = 24.5 \text{ N}$$
$$= (24.5 \text{ N})(\frac{1 \text{ kgw}}{9.8 \text{ N}})(\frac{1 \text{ lb}}{0.454 \text{ kgw}}) = 5.5 \text{ lbs}$$

我們在這裡用了兩個關係式來做單位換算：1 磅（lb）＝ 0.454 公斤重，1 公斤重（kgw）＝ 9.8 牛頓（N）。

4. 我們熟知 1 公斤重（kgw）＝ 9.8 牛頓，因此，利用單位換算的「乘以 1」原則可得

$$1\,\text{N} = (1\,\text{N})(\frac{1\,\text{kgw}}{9.8\,\text{N}}) = \frac{1}{9.8}\,\text{kgw} = 0.1\,\text{kgw}$$

$$= (0.1\,\text{kgw})(\frac{1\,\text{lb}}{0.454\,\text{kgw}}) = 0.22\,\text{lb}$$

一般說來，我們對 1/9.8 這樣一個「分數」比較沒有感覺，然而，若是能想到 9.8 的近似值是 10，那麼 9.8 分之一也就近似於十分之一，這樣就應該比較有感覺了。換句話說，一個蘋果的重量約是 0.1 公斤重（100 公克重）或 0.22 磅（略小於四分之一磅）。

附注：利用數學上簡單的「等量除法公理」或「移項法則」，也可得出相同的答案。

5. 已知體重與質量的關係

$$W = mg = (m\,\text{kg})(9.8\,\text{m/s}^2) = 300\,\text{N}$$

$$\Rightarrow \quad m = \frac{300\,\text{N}}{9.8\,\text{m/s}^2} = 30.6\,\text{kg}$$

所以，蘇西的質量是 30.6 公斤。

比較細心的同學也許會懷疑，為什麼牛頓除以公尺／秒²之後，結果會等於公斤？請先看看第 1、2 題的解答過程，你是否有看出，我們把

$$公斤 \cdot 公尺／秒^2$$

直接以「牛頓」表示？為什麼？這個問題，我們會在第 5 章裡再詳細討論。

實戰演練

1. 這題在計算上很簡單，但是卻可以澄清幾個觀念：

$$3{,}000\ \text{lb} = (3{,}000\ \text{lb})(\frac{0.454\ \text{kgw}}{1\ \text{lb}}) = 1{,}362\ \text{kgw}$$

從這個簡單的單位換算裡，我們知道一輛重 3,000 英磅的汽車，重量等於 1,362 公斤重。若是你知道在地球上的重量「1 公斤重」的物體，質量等於「1 公斤」，那麼你就可以回答出該車的質量是 1,362 公斤。

當然，你也可以把 3,000 英鎊的重量先換算成牛頓，再除以 9.8 之後，得出相同的答案。

2. 這道題目的基本觀念是：質量是物體的性質之一，不會隨物體所在的地點而改變；重量則是物體在某地所受有的重力大小，與該地點的重力加速度（或說重力場強度）有關。

在解題上，我們要先求出該女郎的質量，才能知道她到了木星以後的體重。我們以 10 公尺／秒 ^{2} 來代表地球上的重力加速度：

$$W = 500\ \text{N} = mg = (m\ \text{kg})(10\ \text{m/s}^2)$$
$$\therefore m = 50\ \text{kg}$$

質量 50 公斤的女郎到了木星之後，體重會變為

$$W = mg = (50\ \text{kg})(26\ \text{m/s}^2) = 1{,}300\ \text{N}$$

相當於約 130 公斤重。

附注：比較細心的同學也許已經思索到，這位女郎體重增加的比率，與兩地星球重力加速度增加的比率相同。用比較數學的語言來說：由於質量保持不變（是個常數），所以重量與重力加速度成正比。

第 5 章

牛頓第二運動定律

——力與加速度

想清楚，說明白

1. 假設這兩個數量是 y 與 x，我們先把數學式寫下來，再來討論。

$$相　等：y = x$$
$$成正比：y \propto x$$

首先，若我們說「y 等於 x」，意思是「y 就是 x」；也就是說 y 與 x 其實是「相同」的一個數量：它們有相同的數字與單位，也會是相同的物理量。如果 y 表示一個「10 公尺」的長度的話，那麼 x 也會是一個「10 公尺」的長度（而不可能是一個 10 公斤的質量）。

然而，成正比的兩個數量未必會相等，而且也不必是相同的物理量

（可以是不同的單位）：如果 x 增爲原來的二倍，y 也會隨著增加爲原來的二倍；如果 x 增爲三倍，y 也會隨著增爲三倍。我們用課文裡的例子，假設 y 是加速度，x 是淨力：

若淨力是 10 牛頓時，物體的加速度是 2 公尺／秒^2，則當淨力是 20 牛頓時，物體的加速度是 4 公尺／秒^2。若淨力變爲 30 牛頓時，物體的加速度則是 6 公尺／秒^2。

2. 若一個物體沒有加速度，我們只能說作用在該物體上的「淨力等於零」，不能說「沒有任何作用力」作用在該物體上。作用力是一種向量，當大小相等、方向相反的一對作用力，同時作用在一個物體上時，這兩個作用力的效果[*]會互相抵消。

---

*作用力與質點

使物體的形狀或運動狀態發生改變的原因，我們稱為作用力，簡稱為力。「力」在日常生活中有許多不同的意義或用法（例如警力、力氣等），但在物理學上，它就只有「推」或「拉」這個簡單的涵義而已。

嚴格來說，我們要把物體改成質點（只有質量而沒有體積的物體）。否則一對大小相等、方向相反的作用力，同時作用在一個物體上時，物體也許不會有線性加速度，卻可能發生轉動（第 II 冊第 11 章）或形變（伸長、壓縮、扭曲……）。

---

3. 石頭抵達軌跡頂點的加速度是 9.8 公尺／秒^2，方向朝下。

如果要從公式來思考的話：設石頭的質量爲 m，在上拋離手後，石頭只受有重力作用（$F = mg$，方向向下），所以加速度

$$a = \frac{F}{m} = \frac{mg}{m} = g = 9.8 \, \text{m/s}^2 \quad （方向向下）$$

因此，石頭在頂點的加速度不等於零。

 觀念引介

速度與加速度的關係

雖然我們已經回答了題目所問的問題，但是這個答案的意義，卻很值得我們再做進一步的討論。
我們把這個運動分成三個階段來討論（可參考次頁的圖 20）：

(a) 首先是石頭在離手後的上升階段：由於我們的手向石頭施一個向上的作用力，讓石頭在離手瞬間有一個向上的初速度（注意：一旦石頭離手後，我們的手便沒有辦法再對石頭施力了，因為手與石頭之間的作用力屬於接觸力，一旦沒有了接觸，作用力自然就消失了），這個向上的初速度會漸漸減小，理由就是因為向下的重力作用，提供了一個方向朝下的加速度。由於速度的方向與加速度的方向相反，石頭原有的向上速度會漸漸減小。

(b) 其次，當石頭抵達頂點時，也就是向上的初速度減小到等於零的時候，在這一瞬間，速度為零，表示「靜止不動」，所以石頭不再有向上的位移。

(c) 最後，在石頭抵達頂點之後，我們都知道，石頭便會往下掉落，而且愈掉愈快。試想，如果石頭在頂點的加速度等於零的話，意思是石頭的速度會保持不變（為零），也就是說，石頭會開始停在空中！這有可能發生嗎？當然不可能。因此，我們知道，由於重力而產生的這個向下的加速度，讓石頭的運動方向從朝上變為朝下，而且速率愈來愈快。

再進一步想，由於石頭的加速度在離手之後，就一直保持不變（即 9.8 公尺／秒^2，向下），所以，石頭回到手中（指相同高度）的速率，會等於石頭離手時的速率，二者只有方向相反而已。

▲圖 20

(a) 石頭在上升過程中，速度方向朝上，加速度方向朝下，所以上升的速率漸減。

(b) 石頭在頂點時，速度為零，加速度方向還是朝下，所以立刻開始向下運動。

(c) 石頭在下落過程中，速度方向朝下，加速度方向也朝下，所以下落的速率漸增。

4. 由於剛發射的火箭有 90% 的質量是燃料，燃料會一直燃燒消耗掉，所以在升空過程中，引擎的推力保持固定，火箭的質量卻一直在減少中。從 *F* = *ma* 這個公式來看，若推力（*F*）為常數，則質量（*m*）與加速度（*a*）成反比：質量減少，加速度增加。

值得多補充幾句解釋：即使加速度沒有增加（保持常數），火箭的速度還是會增加。所以，當加速度也在增加時，速度的增加量就更明顯了。

5. 摩擦力的大小除了與接觸面的性質有關之外，也與接觸面受擠壓的程度（正向力）有關。在橄欖球「鬥牛」時所使用的策略，是用來減少敵方的正向力，藉此來減少敵方前鋒腳底與地面的摩擦力，方便我方球員向前挺進。

6. 尖銳的刀鋒有較小的受力面積，在相同的施力下，會產生較大的壓力（力／受力面積），因而較易把東西切斷。

7. 飛機在開始加速時，有比較大的加速度。由於引擎的推力是固定的，所以在不考慮空氣阻力的情形下，整個起飛過程中，飛機應該都有相同的加速度。然而，由於空氣阻力正比於飛機的速率，所以，在飛機正要離地升空之前，受有較大的空氣阻力，淨力較小，所以加速度較小。

附注：題意並不要求考慮垂直方向的加速度大小。飛機起飛過程其實非常複雜，不過我們可以簡化成四個作用力：推力、阻力、升力和重力。本題只討論水平方向的推力與阻力，同學只要知道，空氣阻力會隨飛機的運動速率而改變。由於水平方向的推力固定，所以剛開始時，飛機速率較小，加速度較大；到了要升空之前，速率較大，加速度反而較小。這個觀念與終端速率的形成相同。

▲圖 21

當下落速率增快時，阻力也隨之增大，使得淨力減少，最終為零，此時的速率就是終端速率。

8. 如左側的圖 21 所示，跳傘選手在下落的過程中，向下的重力大小保持不變。然而，隨著掉落的速率漸增，向上的空氣阻力也逐漸增大，所以作用在她身上的淨力會逐漸減小。根據牛頓第二運動定律，加速度與淨力成正比，所以加速度也是逐漸減小。

9. 在第 1 秒內，跳傘選手獲得的速率較多；在第 9 秒內所獲得的距離較多。

詳細的解說，可延續上一題的討論：在第一秒內，該選手掉落的速率還不大，空氣阻力不大，所以有比較大的加速度。到了第九秒

時，由於她掉落的速率已經相當大了，空氣阻力較大，所以加速度較小；然而因為此時的速率快，所以增加的距離會較多。

比較精確地說，可以利用第 2 章所學到的下列公式，來幫助思考。

$$d = v_0 t + \frac{1}{2} a t^2$$

10. 裝滿砂子的網球會先著地。因為重量輕者會先達到終端速率，而較重的球卻還在繼續加速中。

雖然它們在「開路」時所通過的空氣量會一樣多，但是空氣阻力的大小卻與這個因素無關。空氣阻力是與物體通過它的速率有關，在低速時，空氣阻力與物體的速率成正比；在高速時，空氣阻力會正比於速率的平方。

沙盤推演

1. 已知飛機的質量與引擎的作用力，由 $F = ma$ 我們可以得出

$$a = \frac{F}{m} = \frac{500 \text{ N}}{2,000 \text{ kg}} = 0.25 \text{ m/s}^2$$

2. 原理與上題相同，但是別忘了力是可以相加成的，所以，這架飛機受到的總推力是來自這四具引擎：

$$a = \frac{F}{m} = \frac{4 \times 30,000 \text{ N}}{300,000 \text{ kg}} = 0.4 \text{ m/s}^2$$

3. (a) 無摩擦力時，

$$a = \frac{F}{m} = \frac{20 \text{ N}}{2 \text{ kg}} = 10 \text{ m/s}^2$$

(b) 因爲摩擦力與運動方向相反，所以物體受到的淨力* 是 20 − 4 = 16 N：

$$a = \frac{F}{m} = \frac{20 - 4 \text{ N}}{2 \text{ kg}} = 8 \text{ m/s}^2$$

* $F = ma$

從第 1 題到第 3 題看起來，雖然「$F = ma$」很容易琅琅上口，但是我希望提醒同學，別忘了 F 的意義是「淨力」，而不只是「一個作用力」；所以我比較喜歡把牛頓第二運動定律寫成：$F_{淨力} = ma$。

4. 已知橡皮圓盤的質量與所要求的加速度（1 g = 9.8 公尺／秒^2），所需的作用力可以從 $F = ma$ 得出：

$$F = ma = (1 \text{ kg})(1 \text{ } g) = (1 \text{ kg})(9.8 \text{ m/s}^2) = 9.8 \text{ N}$$

5. 與前一題相同：

$$F = ma = (1.2 \text{ kg})(1.8 \text{ } g) = (1.2 \text{ kg})(17.6 \text{ m/s}^2) = 21.2 \text{ N}$$

實戰演練

1. 這一題的關鍵字是「等速」，意思是沒有加速度；也就是說，木箱所受到的淨力等於零。

因為已知木箱受有 100 牛頓的推力，所以作用在木箱上的摩擦力也等於 100 牛頓。用數學式可以寫成：

$$F_{淨力} = F_{水平推力} + f_{摩擦力} = 0$$
$$\Rightarrow 100 \text{ N} + f_{摩擦力} = 0 \text{ N}$$
$$\Rightarrow f_{摩擦力} = -100 \text{ N}$$

其中的負號表示摩擦力的方向與水平推力的方向相反。

2. 我們用「比例」的方式來計算這一題。由於飛機的質量固定，所以加速度大小與作用力成正比（$a \propto F$）：

$$F_1 : F_2 = a_1 : a_2$$
$$\Rightarrow F_1 : \frac{3}{4}F_1 = a_1 : a_2$$
$$\Rightarrow a_2 = \frac{3}{4} \cdot a_1 = \frac{3}{4} \cdot 2 \text{ m/s}^2 = 1.5 \text{ m/s}^2$$

3. 這題當然也可以利用比例的方式來計算，不過我們換個方式：假設這位選手的體重 W 是 mg 牛頓，那麼空氣阻力（f）就是 1/2 mg 牛頓，根據牛頓第二運動定律：$F_{淨力} = ma$

$$F_{淨力} = W - f$$
$$= mg - \frac{1}{2}mg$$
$$= \frac{1}{2}mg = ma$$

亦即：

$$a = \frac{1}{2}g = 4.9 \text{ m/s}^2$$

4. 利用比例的方式來計算：當作用力固定時，物體的加速度大小與質量成反比：

$$a \propto \frac{1}{m}$$

也就是：

$$a_1 : a_2 = \frac{1}{m_1} : \frac{1}{m_2} = m_2 : m_1$$

從題目中已知 $a_1 = 1$ m/s^2，假設原來的質量 m_1 為 m，則後來的質量 m_2 為 3/4 m，上式就變成：

$$(1 \text{ m/s}^2) : a_2 = \frac{3}{4}m : m$$

即：

$$\frac{3}{4}a_2 = 1 \text{ m/s}^2$$
$$\Rightarrow \ a_2 = \frac{4}{3} \text{ m/s}^2 = 1.33 \text{ m/s}^2$$

所以在卸下貨物之後，卡車新的加速度大小為 1.33 公尺／秒^2。

5. 懸吊物受有的重力大小為

$$F = mg = 10 \text{ kg} \ \cdot \ 9.8 \text{ m/s}^2 = 98 \text{ N}$$

整個系統的質量是 20 公斤，受有外力（重力）98 牛頓：

$$F = 98 \text{ N}$$
$$= (10 \text{ kg} + 10 \text{ kg}) \cdot a$$

因此加速度為 $a = 4.9 \text{ m/s}^2$。

值得注意的是：這個數值只有重力加速度的一半，雖然桌面沒有摩擦力，不過這兩個木塊（系統）掉落的加速度，還是不等於自由落體的 9.8 m/s^2。為什麼？請同學稍微思考一下。

6. (a) 裝置如圖 22a ，質量 1 公斤的物體（m_1）在桌面上。

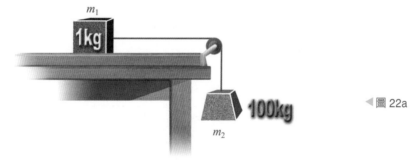

m_1
1kg

100kg
m_2

◀圖 22a

觀念與第 5 題一樣，懸吊物的重量（$m_2 g$）就是系統受有的外力，整個系統的質量是 101 公斤。從牛頓第二運動定律：

$$F = ma$$
$$m_2 g = (m_1 + m_2)a$$

亦即：

$$a = \frac{m_2}{m_1 + m_2} g = \frac{100 \text{ kg}}{1 \text{ kg} + 100 \text{ kg}} g = 0.99 g$$
$$= 0.99 \times 9.8 \text{ m/s}^2 = 9.7 \text{ m/s}^2$$

(b) 裝置如圖 22b，質量 100 公斤的物體（m_1）在桌面上。

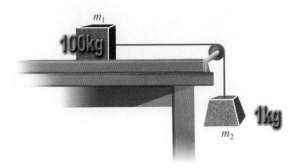

▶ 圖 22b

觀念同前小題。懸吊物的重量（$m_2 g$）就是系統受有的外力，整個系統的質量還是 101 公斤。從牛頓第二運動定律：

$$F = ma$$
$$M_2 g = (m_1 + m_2)a$$

亦即：

$$a = \frac{m_2}{m_1 + m_2}g = \frac{1\,\text{kg}}{100\,\text{kg} + 1\,\text{kg}}g = 0.01g$$
$$= 0.01 \times 9.8\,\text{m/s}^2 = 0.098\,\text{m/s}^2 \approx 0.01\,\text{m/s}^2$$

(c) 討論：從這兩個答案，我們可以看出，這類系統的加速度絕對不會大於重力加速度 g，所以，自由落體的重力加速度是這類系統的極大值。

此外，在沒有摩擦力的情形下，不論懸吊在外的物體質量是多麼小，系統還是會有加速度，因為只要這個物體有質量，便有重力作用在它上面，對系統而言，就有了外力作用在系統上。由於沒有摩擦力，所以不會有另外的作用力與這個重力相抵消，因此當作用在

系統上的作用力很小，而系統的質量很大時，系統還是會有一個很小的加速度；這是 (b) 小題的一個意義。

進一步來說，這也間接回答了我在解第 5 題的最後提出的問題：雖然沒有摩擦力作用在桌上的物體，但是桌上物體的質量還是減小了系統的加速度。思考一下牛頓第二運動定律的意義：淨力大小＝系統質量乘以加速度大小。因此，若桌面有摩擦力，我們需要從摩擦力與懸吊物的重量計算出「淨力」。

除去摩擦力的因素之後，淨力的大小是固定的，系統的加速度則與質量成反比。

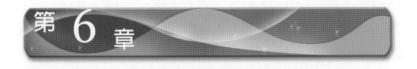

第 6 章

牛頓第三運動定律

——作用力與反作用力

▲圖 23

F_1 是你的腳推動浮木的作用力，F_2 是浮木施給你的腳的反作用力。

二者大小相等、方向相反，且分別作用在不同的物體上。

想清楚，說明白

1. 利用第 6.3 節「辨識作用力與反作用力」（第 I 冊第 137 頁起）的原則：我們知道你的重量是地球作用於你的結果，那麼，反作用力自然是你作用在地球上的力。

2. 如左邊的圖 23 所示，當你要向前走時，腳得踩向後，推動浮木。以浮木而言，受到一個向後的推力，而浮木與水之間的摩擦力不足以讓浮木停在原地，所以浮木會向後移動。

深入演練

　　高中同學應該學過「質量中心」的概念，若假設水與浮木之間的摩擦力與黏滯力很小，相較於腳與浮木間的摩擦力，可以忽略不計，那麼在整個行走過程，人與浮木的移動距離，就與各自的質量有關，同學可以試著計算看看。

3. 光滑的磨石子地，摩擦力較小。

4. 當然！只不過地球朝著你加速的加速度非常、非常小，很難察覺而已。

5. 如圖 24 所示，手向下壓洗手台時，來自洗手台的反作用力會把人向上推，造成體重計上的讀數減小。
　　同理，手向上頂著洗手台時，來自洗手台的反作用力會把人向下推，造成體重計上的讀數增加。

◀圖 24
(a) 體重計讀數為 $W - F_2$，所以讀數減小。(b) 體重計讀數為 $W + F_2$，所以讀數增加。

6. 當跳高選手要跳離地面（尚未離開地面）時，她的雙腳會用力向下

推地面，來自地面的反作用力就是她向上加速度的來源。當然，以一般的直覺，我們會說是她的腳用力讓她加速往上跳的，然而，就物理學的觀點來說，只有「外力」才會讓物體或系統產生加速度。就跳高選手來說，雙腳是她自己的一部分，光靠「內力」系統是不會有加速度的。

腳與地面之間的交互作用力屬於「接觸力」，一旦雙方失去接觸，作用力與反作用力便同時消失得無影無蹤。所以一旦跳高選手離地之後，作用在她身上的力，就只剩下「重力」而已。跟第 4 題一樣，這位選手也把地球向下壓動了一點點，只不過因為很小很小，所以觀眾席上的觀眾感覺不出來而已。

7. 也是 1,000 牛頓，而且是通訊衛星作用在地球上。

8. 地球當然也會繞著通訊衛星轉動，不過還是那句話，因為「很小很小」，所以我們感覺不到。

若是要精確說出「有多麼小？」我們就需要利用「質量中心」的觀念，才能做定量計算。

9. 受衝擊的力量是一樣大的，不過，因為腳踏車的質量較小，所以運動狀態的改變較明顯：可能被撞得向後飛，或是黏在卡車的車頭上，跟著卡車一起向前進。

10.與第 9 題的觀念一樣：小蟲與巴士受到的衝擊力是一樣的（牛頓第三運動定律），只不過巴士減速的程度要小得多！從牛頓第二定律，我們知道，當外力固定時，加速度與質量成反比。

11. 火箭把廢氣向外排出時，廢氣給火箭的反作用力。這個情形就像你穿著溜冰鞋，抱著一個大鉛球，當你用力把這個大鉛球向前拋出時，自己會向後退的道理是一樣的。

12. 我們在說明（或記誦）作用力與反作用力的性質時，往往只是簡單說了這兩個力「大小相等、方向相反」，卻忘記還有一句重要的話，就是它們會「作用在不同的物體上」。這一題就是希望提醒我們這個觀念。

　　開槍時，槍推子彈向前，子彈推槍向後，這個作用力彼此因為作用在不同物體上，所以根本沒辦法互相抵消。

　　比較細心的同學，也許會考慮到子彈裡的火藥問題。即使如此，道理還是一樣的：子彈與火藥燃燒之後的廢氣，有著一對作用力與反作用力；這個廢氣與槍之間，也有一對作用力與反作用力。由於子彈作用在廢氣上的力，與槍作用在廢氣的力，因大小相等、方向相反而互相抵消，所以在這裡，我們可以忽略廢氣的受力不計，只考慮槍與子彈這兩個物體即可。

13. 因為冰箱是「等速」移動，所以受到的合力等於零，也就是作用在冰箱上的摩擦力等於 200 牛頓，方向與你的推力相反。雖然這個摩擦力與你的推力大小相等、方向相反，但它卻不是你的推力的反作用力，因為它和你的推力都是作用在冰箱上。

　　關於作用力與反作用力的討論，請參考次頁的圖 25 ：你推冰箱（F_1），冰箱推你（F_2）；冰箱推地板的摩擦力（F_3），地板推冰箱的摩擦力（F_4）。讓冰箱等速移動的兩個力是：你推冰箱 F_1 以及地板推冰箱的摩擦力 F_4。

> 牛頓第三運動定律
>
> 1. 作用力與反作用力大小相等、方向相反。
>
> 2. 作用力與反作用力作用在不同的物體上。

▶圖 25

F_1 是你對冰箱的推力，F_4 是地板作用在冰箱上的反作用力，二者大小相等、方向相反。但由於作用在同一物體（冰箱）上，故不是一對作用力與反作用力。

14.答案是 50 牛頓。從圖 26 這三張效應相同的圖，讀者就可理解此題的物理觀念。這三張圖的彈簧讀數，也就是彈簧所受的「張力」大小，都是 50 牛頓。

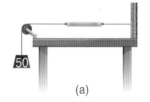

(a)

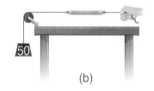

(b)

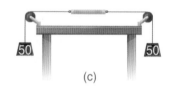

(c)

▲圖 26

(a) 一端是重物，一端是牆壁。 (b) 一端是重物，一端用手拉著。 (c) 兩端都是重物。

15.觀念與第 14 題相同。若這位勇士在第一張圖中（第 I 冊第 154 頁的第一張圖，左右各一匹馬拉他）所受的張力是 T，那麼在中間的圖中（右邊一匹馬拉他），勇士所受的張力是 T；在最下面的圖中（右邊兩匹馬拉他），勇士所受的張力是 $2T$。

第7章

動 量

想清楚，說明白

1. 利用第 4 章〈牛頓第一運動定律——慣性〉的觀念：不受外力作用的情況下，靜者恆靜，動者恆動。腳踏車在突然煞車時，若是我們沒有用力頂著把手，由於慣性的緣故，我們會飛出去。

   在這一章裡，我們進一步思考，這個動者恆動的「程度」有多大？答案就是「動量」。在煞車之前，你與腳踏車一起向前運動，二者都有動量。煞車時，來自地面的摩擦力讓腳踏車停下來，但是，卻沒有外力作用在你身上（除了來自座椅的些微摩擦力），因此，在腳踏車上的你便需要用力去頂住把手，那麼來自把手的反作用力，就是那個改變你的運動狀態（動量）的外力：讓原本向前運動的你停了下來。

2. 作用在物體上的衝量（衝力×時間）等於物體的動量變化量。當車

禍發生時，如同第 1 題的觀念，汽車因撞擊忽然停了下來，裡面的乘客卻仍然會向前運動，撞向方向盤。此時，安全氣囊的存在，延長了駕駛人與方向盤衝撞的時間，因而減低了衝撞的衝力。

然而，要附帶一提的是安全氣囊需要與安全帶配合使用，否則車禍發生時，若沒有安全帶把駕駛人固定在座位上，駕駛人會從擋風玻璃飛出去，此時，光靠安全氣囊是沒什麼保護作用的。

3. 大量（質量）而高速（速度）噴出的水柱，對握住水管的消防人員來說，水管有很強的「後座力」，所以不容易控制方向。（附注：也可以把這個情形類比成機關槍。）

4. 鬆軟的被單有比較長的衝撞時間，對雞蛋的撞擊力較小。

5. (a) 保齡球反彈回來時，動量變化比只是靜止下來，還來得大，所以，彈簧所施加的衝量較大。

(b) 由於反彈回來的動量變化是靜止下來的兩倍大，若接觸時間一樣長，那麼彈簧對保齡球的平均作用力，會是枕頭的兩倍大。

6. 一點也沒有違反。動量所以會守恆（不變）是因為不受有外力作用的緣故。然而，別忘了，在你掉落的過程中，一直有重力作用在你身上，就是這個重力使你的動量增加了。

7. (a) 對。小蟲撞汽車的力與汽車撞小蟲的力，是一對作用力與反作用力，所以彼此的大小相等。

(b) 對。二者所受到的衝力一樣大，理由見(a)小題。這個衝力作用

的時間也一樣長（只有相接觸的時候），所以衝量是一樣大的。

(c) 錯。由於二者的質量不同，但卻有相同的動量變化，所以速率變化量並不相同。

(d) 對。在衝撞過程中，由於沒有外力涉入，所以系統（小蟲與汽車）的動量守恆；也就是說，二者的動量變化量是相等的。或是從(b)小題的理由出發：由於受到的衝量一樣大，所以動量變化也一樣大。

8. 槍枝在發射子彈時會有比較大的後座力，因為空包彈沒有彈頭，跟子彈相比，由於質量較小，所以動量變化較小。

9. 圓圈的半徑會變大。因為當他們把球朝圓心方向丟出時，他們向外退了出去，如圖 27 所示。

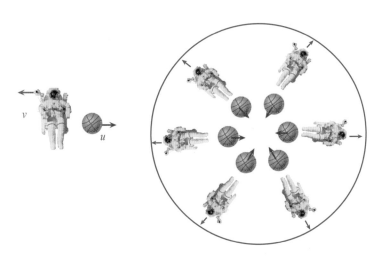

◀圖 27
當這群頑皮的太空人丟出身上的球之後，他們所圍的圓圈半徑會變大。

10. 質子的質量遠比電子大得多。（因為動量是質量與速度的乘積。）

沙盤推演

【提醒】　與慣性相關的物理量是物體的質量，然而，動量卻是質量與速度的乘積；別忘了，一個純量（質量）與向量（速度）相乘的結果還是一個向量，所以，動量是個向量。在第 I 冊的課文中，雖沒有一直強調動量的向量性質，但是在習題的計算裡，動量的向量性質卻不可忽略。

1. (a) 根據動量的定義：

$$p = mv = (8 \text{ kg})(2 \text{ m/s}) = 16 \text{ kg} \cdot \text{m/s}$$

(b) 由於衝量（$F \cdot \Delta t$）等於動量變化量

$$\Delta p = p_{末} - p_{初} = 0 - 16 \text{ kg} \cdot \text{m/s} = -16 \text{ kg} \cdot \text{m/s}$$

於是，枕頭作用在保齡球上的衝量等於：

$$F_{球，枕頭} \cdot \Delta t = \Delta p$$

因此，枕頭作用在保齡球上的平均作用力等於：

$$F_{球，枕頭} = \frac{\Delta p}{\Delta t} = \frac{-16 \text{ kg} \cdot \text{m/s}}{0.5 \text{ s}} = -32 \text{ kg} \cdot \text{m/s}^2 = -32 \text{ N}$$

(c) 根據牛頓第三運動定律，保齡球作用在枕頭上的平均作用力是

$$F_{枕頭，球} = -F_{球，枕頭} = +32 \text{ N}$$

深入演練

我們稍就方向與正負號的問題討論一下。如圖 28 所示，假設保齡球朝著右方前進，遇到枕頭之後停下來。我們在(a)小題計算保齡球的動量時，便已經假設了右方是正方向。所以枕頭作用在保齡球上的作用力（$F_{球，枕頭}$）是負的，表示保齡球受有向左的力；而球作用在枕頭上的力是正的（向右方）。

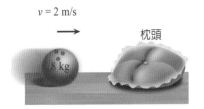

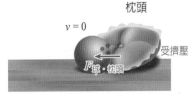

◀圖 28
保齡球原有向右方向的動量（正值），因為受到來自枕頭的作用力（向左，負值），而減速停了下來。

2. (a) 根據動量的定義：

$$p = mv = (50 \text{ kg})(4 \text{ m/s}) = 200 \text{ kg} \cdot \text{m/s}$$

(b) 從衝量－動量關係式：

$$f \cdot \Delta t = \Delta p$$

$$\Rightarrow f = \frac{\Delta p}{\Delta t} = \frac{0 - 200 \text{ kg} \cdot \text{m/s}}{3 \text{ s}} = -66.67 \text{ N}$$

負號的意義是摩擦力的方向與運動方向相反，也就是阻力的意思。

深入演練

這道題目也可以用以前的想法：紙板盒經過 3 秒的時間，速度從 4 公尺／秒減慢到靜止，它的加速度是：

$$a = \frac{\Delta v}{\Delta t} = \frac{0 - 4 \text{ m/s}}{3 \text{ s}} = -1.33 \text{ m/s}^2$$

所以它受到的外力（摩擦力）是：

$$F = ma = (50 \text{ kg})(-1.33 \text{ m/s}^2) = -66.67 \text{ N}$$

從這兩個看似不同的解法：「衝量－動量關係式」與「牛頓第二運動定律」卻得出相同的答案，你可有什麼想法？

3. (a) 根據衝量的定義：

$$J = F \cdot \Delta t = (10 \text{ N})(2.5 \text{ s}) = 25 \text{ N} \cdot \text{s}$$

(b) 由於衝量等於動量變化，所以推車的動量增加了 25 牛頓・秒。

(c) 原本靜止的推車，動量為零，因為推車的質量保持固定，所以寫成：

$$\Delta p = m \cdot \Delta v = (2 \text{ kg})(v - 0) = 25 \text{ N} \cdot \text{s} = 25 \text{kg} \cdot \text{m/s}$$

$$\therefore v = 12.5 \text{ m/s}$$

注意喔，推車在受衝量作用之後的末速度為正值，這與衝量和推力

相同。提醒這一點好像有點多餘，但這卻是對這些向量的方向的一個驗算。

4. 我們知道這兩個油灰的碰撞過程中，沒有其它外力參與，所以系統的動量守恆：

$$P_{\text{碰撞前}} = P_{\text{碰撞後}}$$

(a)
$$(2 \text{ kg}) (3 \text{ m/s}) + (2 \text{ kg}) (0 \text{ m/s}) = (2 \text{ kg} + 2 \text{ kg}) \cdot v$$
$$\therefore v = 1.5 \text{ m/s}$$

(b)
$$(2 \text{ kg}) (3 \text{ m/s}) + (4 \text{ kg}) (0 \text{ m/s}) = (2 \text{ kg} + 4 \text{ kg}) \cdot v$$
$$\therefore v = 1.0 \text{ m/s}$$

實戰演練

1. (a) 衝量等於動量變化量。

$$J = \Delta p = m \cdot \Delta v = (1{,}000 \text{ kg})(0 \text{ m/s} - 20 \text{ m/s}) = -20{,}000 \text{ kg} \cdot \text{m/s}$$

汽車所受到的衝量是負值，用來減少它的動量。

(b) 由於不知道從汽車撞上牆壁到完全靜止所花的時間，所以無法得知汽車所受到的衝撞力。

然而，即使知道這段時間，我們也只能知道汽車所受到的平均衝撞力，若要知道進一步的細節，例如每一瞬間的撞擊力，或是最大的撞擊力，則需要進行實驗測量。

2. 由題意，

$$J = \Delta p$$
$$\Rightarrow f \cdot \Delta t = m \cdot \Delta v$$

$$\Rightarrow f = \frac{m \cdot \Delta v}{\Delta t} = \frac{1{,}000 \text{ kg} \,(0 \text{ m/s} - 20 \text{ m/s})}{10 \text{ s}} = -2{,}000 \text{ N}$$

別忘了，負號的意義是「阻力」的意思，而牛頓（N）的單位是 $\text{kg} \cdot \text{m/s}^2$。

3. 如果我們以 2 m/s 來表示初速度，那麼末速度便是 － 2 m/s。

(a) 反衝的動量等於保齡球的質量，乘上末速度：

$$p_{\text{末}} = mv_{\text{末}} = (8 \text{ kg})(-2 \text{ m/s}) = -16 \text{ kg} \cdot \text{m/s}$$

(b) 動量變化量等於末動量減去初動量 $(p_{\text{末}} - p_{\text{初}})$：

$$\Delta p = p_{\text{末}} - p_{\text{初}} = (-16 \text{ kg} \cdot \text{m/s}) - (16 \text{ kg} \cdot \text{m/s}) = -32 \text{ kg} \cdot \text{m/s}$$

(c) $F \cdot \Delta t = \Delta p \Rightarrow F = \dfrac{\Delta p}{\Delta t} = \dfrac{-32 \text{ kg} \cdot \text{m/s}}{0.5 \text{ s}} = -64 \text{ N}$

(d) 希望同學可以從這個比較看出，要讓物體「靜止下來」與「反衝回去」的差別。這也是課文 7.3 節（第 I 冊第 162 、 163 頁）的主要內容。

4. 從題意假設車廂的質量是 m，火車頭的質量是 $4m$。由於碰撞前後的動量守恆：

$$P_{碰撞前} = P_{碰撞後}$$

$$4m \cdot (5 \text{ m/s}) + m \cdot (0 \text{ m/s}) = (4m + m) \cdot v$$

$$\therefore v = 4 \text{ m/s}$$

由於衝撞後火車頭與車廂便連在一起，所以個別的滑動速率與整體的速率相同，都是 4 公尺／秒。

5. 觀念與第 4 題相同，還是動量守恆而已。

$$P_{初} = P_{末}$$

(a)

$$P_{大魚，初} + P_{小魚，初} = P_{大魚，末} + P_{小魚，末}$$

$$(5 \text{ kg}) (1 \text{ m/s}) + (1 \text{ kg}) (0 \text{ m/s}) = (5 \text{ kg} + 1 \text{ kg}) \cdot v$$

$$\therefore v = 0.83 \text{ m/s}$$

(b)

$$P_{大魚，初} + P_{小魚，初} = P_{大魚，末} + P_{小魚，末}$$

$$(5 \text{ kg}) (1 \text{ m/s}) + (1 \text{ kg}) (- 4 \text{ m/s}) = (5 \text{ kg} + 1 \text{ kg}) \cdot v$$

$$\therefore v = 0.17 \text{ m/s}$$

請注意我們把小魚的初速度寫成－ 4 公尺／秒。

6. 因為在外太空中，沒有任何作用力作用在超人身上，所以漫畫的情節是違反物理定律的。我們假設超人的質量為 m 公斤，小行星的質量是 1,000m 公斤，小行星與超人原本都靜止不動：

$$P_{初} = P_{超人 \cdot 初} + P_{小行星 \cdot 初}$$

$$= (m \text{ kg})(0 \text{ m/s}) + (1{,}000m \text{ kg})(0 \text{ m/s}) = 0 \text{ kg} \cdot \text{m/s}$$

$$P_{末} = P_{超人 \cdot 末} + P_{小行星 \cdot 末}$$

$$= (m \text{ kg})(v \text{ m/s}) + (1{,}000m \text{ kg})(100 \text{ m/s}) = P_{初} = 0 \text{ kg} \cdot \text{m/s}$$

$$v = \frac{-1{,}000m \cdot 100 \text{ kg} \cdot \text{m/s}}{m \text{ kg}} = -100{,}000 \text{ m/s}$$

$$= -10^5 \text{ m/s} \quad （用科學記號表示）$$

$$= -\frac{100{,}000 \text{ m}}{1 \text{ s}} \cdot \frac{60 \text{ s}}{1 \text{ min}} \cdot \frac{60 \text{ min}}{1 \text{ h}} \cdot \frac{1 \text{ km}}{1{,}000 \text{ m}} \cdot \frac{1 \text{ mi}}{1.609 \text{ km}}$$

$$= -223{,}741.45 \text{ mi/hr}$$

在美國時速常以英里表示，同學對此數字可能比較沒感覺。若改以常用的公里來表示，超人反衝時速是 360,000 公里，也就是說，在一小時之後，超人會移動 36 萬公里，相當於繞行地球赤道 9 圈！跟高速公路上時速 100 公里的車速相比，同學應該可以感受到這個速率有多快吧！

第 8 章

能　量

想清楚，說明白

1. 我們可以從「能量」與「作用力」這兩個觀點來回答這個問題。當
   我們把橡皮筋拉得愈緊時，儲藏在橡皮筋裡的「彈性位能」就愈
   大，在我們鬆手之後，這些位能便轉化成石頭的動能，讓石頭有較
   大的速率。
   從作用力的觀點來說，拉得愈緊的橡皮筋，作用在石頭上的彈力也
   較大，因此石頭會有較大的加速度，而在飛出彈弓時有較大的速
   率。

2. 有動量的物體，一定具有能量；有能量的物體，卻未必具有動量。
   有動量的物體表示有速度，而運動中的物體一定有動能，所以說具
   有能量。然而，若物體只具有位能，譬如位在高處靜止不動的重

物，或是停在彈弓裡尚未發射的石頭，它們都具有相當的位能，卻都沒有動能，也就是沒有運動速度，自然不會有動量（＝質量×速度）。

3. 我們知道動能的方程式（定義）是：

$$KE = \frac{1}{2}mv^2$$

也就是說，在動能大小固定的情形下，物體的質量與速率平方成反比。老鼠的質量較小，所以運動速率較快。

4. 在地球上的重力位能變化較大。我們知道：重力位能＝物體重量×高度＝ $mg \cdot h$。由於相同的裝備，與在月球上相比，在地球上會比較重，太空人需要做較多的功，所以位能增加較多。

5. 我們知道能量守恆定律是：能量不會憑空消失，也不會無中生有，而只是在不同的形式間轉換，所有的能量總和是固定不變的。
以繞地球運轉的人造衛星為例，總能量是重力位能與動能相加的和。當衛星離地球較遠時，位能較大，動能自然較小，所以飛行速率較慢。然而，當它離地球較近時，位能減小，動能增加，所以會有較大的飛行速率。

6. 由於動能和物體的質量與運動速率有關，若要推動較重（質量較大）的車，當然需要較多的能量（燃燒較多的汽油）。
流線型的車身設計，可以減少風阻，汽車在行進時，需要引擎輸出

的力量便較小，對於相同的距離而言，引擎需要做的功較小，所以需要耗損的汽油（化學能）較少，這也就是比較省油的意思。

7. 從能量守恆的觀點來說，使用冷氣、開車燈或是聽收音機，都需要使用能量（電能），而汽油卻是汽車能量（化學能）的唯一來源。所以，不論是使用冷氣、開車燈或是聽收音機，都會增加汽油的使用量。只不過冷氣的耗電量較大，所以耗油較明顯，收音機用電量較小，耗油量較不明顯。

進一步來說，汽車引擎燃燒汽油輸出的能量，除了給傳動系統（由很多齒輪與輪軸所組成）去推動汽車，轉化成汽車的動能之外，也有部分能量會送到發電機上，提供汽車所需要的電能。若這些電能有剩餘，還會透過充電機，把電能儲藏在蓄電池裡，這也就是為什麼我們關閉引擎之後，還可以聽收音機的原因。

8. 機械利益可以從輸出力對輸入力的比值，或輸入距離對輸出距離的比值來計算。如原圖，這三種槓桿的機械利益分別是：1, 2 與 0.5 。

9. 總能量一定是守恆的，若是我們發現有能量不守恆的情形，必定是我們遺漏了某些能量。以機械輸出的能量來說，若是我們把因摩擦而產生的熱能或噪音（聲能）也考慮進來，那麼輸出的總能量，還是與輸入的總能量相等的。

同樣的道理，若是我們只有比較輸入到核反應爐的能量，以及從核反應爐輸出的能量，那麼我們便忽略了在核反應爐裡進行的核反應。放射性元素在進行核反應之後，總質量會減少＊，所減少的這些質量會轉換成能量，就是我們俗稱的核能，它的另一個專有名詞

是「質能」。若我們把質能也考慮進來，那麼核反應還是沒有違反能量守恆定律。

這也是愛因斯坦最著名的貢獻之一：質量與能量的等效性（$E = mc^2$）。進一步細節請參考《觀念物理》第 II 冊第 16 章〈狹義相對論——長度、動量與能量〉的說明。

*一般化學反應 vs. 核反應

同學在化學課應該有學到「質量守恆定律」。同學應該要能區別一般的化學反應與核反應並不相同：一般的化學反應在反應前後，只有原子的排列方式（分子）發生改變，參與反應的原子種類與數目都不會改變，所以質量會保持不變；若再考慮分子間的鍵結能量，以及反應所需要或釋放出的能量（吸熱或放熱）關係，總能量也是守恆的。然而，核反應的前後，原子會變成完全不同的原子，發生變化的不是原子間的鍵結，而是原子核裡的質子與中子數目，伴隨這個質量變化的是巨大的能量變化。所以我們不能把核反應與一般的化學變化混為一談。

10. 一個人吸收的能量（食物所含的熱量）如果多於他所輸出的能量，那麼這個人就會變胖。反之，如果他吸收的能量少，輸出的能量多，那麼他就會變瘦。這是增胖或減肥的基本原理。

然而，一個營養不良、食物獲取不足的人，卻可能費力的做功（輸出能量），只不過，他無法長久這麼做，一旦身體內儲存的能量用完之後，他就沒辦法再輸出任何的能量（功）了。

沙盤推演

1. 從功的定義：

$$W = Fd = (20\text{N})(3.5\text{m}) = 70\text{N} \cdot \text{m} = 70\text{J}$$

別忘了單位是可以相乘除的：為了紀念英國物理學家焦耳，我們把「牛頓・公尺」這個能量單位稱為焦耳，就像我們把「公斤・公尺／秒^2」稱作牛頓一樣。因此若是用最基本的量度單位（時間、質量及長度）來表示，焦耳其實是：公斤・公尺^2／秒^2；用符號表示則是 $1\text{ J} = 1\text{ kg} \cdot \text{m}^2/\text{s}^2$。

2. 這題的觀念是：外力對槓鈴所做的功（力×距離）會轉換成它的位能◆。

$$W = Fd = (500\text{N})(2.2\text{m}) = 1{,}100\text{ J} = PE$$

所以我們對槓鈴做了 1,100 焦耳的功，在這個高度時，槓鈴具有 1,100 焦耳的位能。我們也可以由重力位能的公式來做驗算：

$$PE = mg \cdot h = (500\text{N})(2.2\text{m}) = 1{,}100\text{ J}$$

值得一提的是，在課文中提到：當我們想要反抗重力，提升物體高度，增加物體的位能時，我們希望物體是以「等速運動」的方式向上移動；也就是說，在上升的過程中，我們所施的力（500 牛頓）必須不大不小，恰好等於物體的重量。為什麼？因為唯有如此，我們做的功，才會完全轉換成位能，而不會有部分功轉換成動能。

◆位能差

我們對槓鈴所做的功是「增加」了它的位能。這是比較嚴謹的說法。一般而言，我們習慣把地球表面視為位能的參考點，也就是說，在地表的位能為零，高於地表的物體，具有的位能為正值，低於地表的物體，則具有負的位能。然而，在某個位置的位能數值多寡並不重要，重要的是兩個高度之間的「位能差」。以這題為例，重點是槓鈴在 2.2 公尺的高度，比在地面時多出了 1,100 焦耳的位能。

3. 按功率的定義，只要把所做的功除以時間即可。

$$P = \frac{W}{t} = \frac{1{,}100 \text{ J}}{2 \text{ s}} = 550 \text{ J/s} = 550 \text{ W}$$

所以功率是 550 瓦特。同學也可參考第 1 題的做法，只用最基本的量度單位（時間、質量及長度）來表示瓦特這個功率單位。

4. (a) 先假設這個冰塊沒有融化。與第 2 題的觀念一樣：我們所做的功轉換為物體的位能。

$$W = Fd = mg \cdot h = PE = (90\text{N})(3\text{m}) = 270 \text{ J}$$

(b) 還是依照相同的觀念，物體的位能來自於我們所做的功。

$$PE = W = Fd = (54\text{N})(5\text{m}) = 270 \text{ J}$$

我們可以清楚看出來，這個冰塊由兩個不同的路徑（如圖 29），抵達相同的高度，最後都具有相同的位能，與它如何抵達這個高度的路徑無關。

▶ 圖 29

斜面雖然省了力，但是卻需要較長的路徑，因此無法省功。

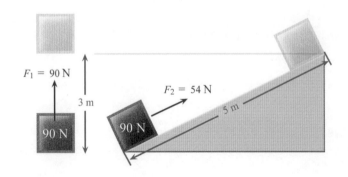

5. 計算變化量時，別忘了要用後來的數量減去原來的數量，簡稱爲「末減初」。若相減之後的差爲正值，則表示該數量增加了，反之則爲減少。在數學式上，我們慣用希臘字母 Δ（delta）表示：

$$\Delta U = mg \cdot \Delta h = mg \cdot (h_{末} - h_{初})$$
$$= (8 \times 10^6 \text{ kg})(9.8 \text{ m/s}^2) \cdot (0 \text{ m} - 50 \text{ m})$$
$$= -3.9 \times 10^9 \text{ J}$$

由於這些水是從 50 公尺的高度（$h_{初}$）掉落到地面上（$h_{末} = 0$ 公尺），所以我們得出一個「負」的變化量，表示位能是減少的。此外，由於這題涉及的數目相當龐大，所以我們直接用「科學記號」表示；第 I 冊的附錄 B 裡有關於科學記號的簡單說明（見第 I 冊第 221、222 頁）。

同學稍微回想一下，在前 4 題裡，我們所計算的都是「外力反抗重力」所做的功，這些功都轉換成位能，也就是外力讓物體的高度升高，而增加了物體的位能。然而，在這一題裡，我們看到了「重力做功」的結果：物體的高度降低，位能減少。這減少了的位能到哪裡去了？（欲知答案如何，且待下題分解。）

6. 在瀑布底端，這些水所減少的位能，全部轉換成動能。因爲這 8 百萬公斤的水是在 1 秒內落下來的，所以功率是：

$$P = \frac{W}{t} = \frac{3.9 \times 10^9 \text{ J}}{1 \text{ s}} = 3.9 \times 10^9 \text{ W}$$

同學可以試著想想，和第 5 題相比，爲什麼這個數學式的分子（功）

是正的而不是負的？[★]

★正值的能量或功

回答這個問題的思路有
很多個，而且彼此都不
互相矛盾。例如，我們
可以說，在瀑布底端，
由於水的位能減少（第
5 題的答案），全部轉
換成動能（正值）；或
者說，把這個數學式的
分子想成是「重力所做
的功」：重力的方向朝
下，水的運動方向也是
朝下，二者方向相同，
重力對水做「正功」。

7. (a) 根據動能的公式：

$$KE = \frac{1}{2}mv^2 = \frac{1}{2}(3\,\text{kg})(4\,\text{m/s})^2 = 24\,\text{J}$$

(b) 速率加倍後，新的速率是 8 m/s，所以動能是：

$$KE = \frac{1}{2}mv^2 = \frac{1}{2}(3\,\text{kg})(8\,\text{m/s})^2 = 96\,\text{J}$$

從動能的公式，我們可以看得出來，動能與速率的平方成正比，因此，當速率加倍時，動能會增為 4 倍： 24 焦耳×4 = 96 焦耳。

8. 我們知道機械只能省力，不能省功（或省能量），所以，在理想的情況下（忽略摩擦），我們對機械輸入的功必定等於機械所輸出的功。假設重物的重量是 w 牛頓：

$$W_{輸入} = W_{輸出}$$
$$(50\,\text{N})(1.2\,\text{m}) = w \cdot (0.2\,\text{m})$$
$$\Rightarrow \quad w = 300\,\text{N}$$

9. (a) 同樣的道理，假設搬運工人需要施力 F：

$$W_{輸入} = F \cdot (2\,\text{m}) = W_{輸出} = (5{,}000\,\text{N})(0.4\,\text{m})$$
$$\Rightarrow \quad F = 1{,}000\,\text{N}$$

(b) 根據定義：

$$機械效率 = \frac{有效的輸出功}{總輸入功} = \frac{5000\ N \cdot 0.4\ m}{2500\ N \cdot 2\ m} = 0.4$$

注意喔，機械效率是沒有單位的，因為它是一個比值。

10.這是一個簡單的單位換算問題：

$$15\frac{公里}{公升} = \frac{15\,公里}{1\,公升} \cdot \frac{1\,英里}{1.6\,公里} \cdot \frac{3.8\,公升}{1\,加侖} = 35.63\frac{英里}{加侖}$$

實戰演練

1. 由於撞擊的動能來自於鐵鎚所釋放出來的位能（mgh），所以：

$$KE_1 : KE_2 = mgh_1 : mgh_2 = h_1 : h_2 = 1 : 4$$

撞擊的動能與鐵鎚掉落的高度成正比，是原來的 4 倍。

至於撞擊的速率與動能之間的關係是 $1/2\ mv^2$，也就是說，

$$v_1 : v_2 = \sqrt{\frac{2KE_1}{m}} : \sqrt{\frac{2KE_2}{m}} = \sqrt{KE_1} : \sqrt{KE_2} = \sqrt{1} : \sqrt{4} = 1 : 2$$

所以，撞擊的速率是原來的 2 倍。

2. 由於車速都是從靜止加速到時速 100 公里，所以引擎所需做的功一

樣。當功率加倍時，所需的時間減半，因此只需要 5 秒的時間。

3. 緊急煞車之後，汽車在滑行的過程中，靠的是車胎與地面間的動摩
擦力，讓汽車減速的。從能量的觀點來看，摩擦力做負功，減少了
汽車的動能。寫成數學式：

$$W = f \cdot s = 0 - \frac{1}{2}mv^2 = -\frac{1}{2}mv^2$$

因為汽車最後靜止下來，所以動能為零。我們知道動摩擦力是一個
常數，所以汽車滑行的距離（s）與車速的平方成正比：

$$s_1 : s_2 = v_1^2 : v_2^2$$
$$\Rightarrow (20 \text{ m}) : s_2 = (60 \text{ km/h})^2 : (120 \text{ km/h})^2 = 1 : 4$$
$$\therefore s_2 = 80 \text{ m}$$

4. 由於汽車是「等速」行駛，所以它所受到的合力為零，也就是說，
摩擦力等於引擎對汽車的作用力。因此，引擎對汽車所做的功，等
於摩擦力所做的功，這也就是汽油燃燒透過引擎輸出之後的能量
（$E_{引擎}$）：

$$E_{引擎} = (4{,}000 \times 10^4 \text{ J}) \times 25\% = W = f \cdot d = (1{,}000 \text{ N}) \cdot d$$
$$\Rightarrow d = 10^4 \text{ m} = 10 \text{ km}$$

5. 右圖之機械利益為 2 。假設滑輪半徑為 R ，施力為 F ，物重為 w ：
(1) 以槓桿來看，如圖 30a 所示，

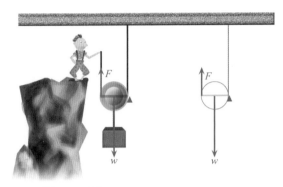

◀圖 30a
把滑輪視為槓桿

$$W_{輸入} = W_{輸出}$$

$$\Rightarrow \quad F \cdot 2R = w \cdot R$$

$$機械利益 = \frac{輸出力}{輸入力} = \frac{w}{F} = \frac{2R}{R} = 2$$

(2) 以張力來看，假設繩子的張力為 T（$= 施力\ F$），如圖 30b：

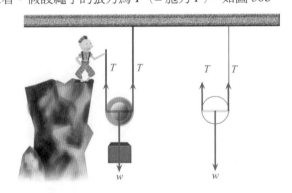

◀圖 30b
以繩子的張力來考量

$$w = 2T = 2F$$

$$機械利益 = \frac{輸出力}{輸入力} = \frac{w}{F} = 2$$

觀念物理 II

第 **9** 章

圓周運動

想清楚，說明白

1. 請參考第 II 冊第 9 頁的圖 9.6，你會沿著運動的切線方向飛出去。

2. 我們知道：切線速率 v 正比於「徑向距離 r ×轉動速率 ω」
   (a) 徑向距離 r 不變，轉速 ω 加倍，所以，切線速率 v 加倍；
   (b) 轉速 ω 不變，徑向距離 r 加倍，所以，切線速率 v 加倍；
   (c) 徑向距離 r 加倍，轉速 ω 也加倍，所以切線速率 v 增爲四倍。

3. 我們知道地球是略成扁平的橢球形，靠近赤道的部分，半徑較大。
   因爲美國位在北半球，所以這個題目等於是在問我們美國「最南方的州」是哪一州？答案是：佛羅里達州。

4. 我們用 $v \propto r\omega$ 這個關係式來思考。若真正的車速 v 維持不變，則車輪半徑 r 與轉動速率 ω 成反比。當換成較小的輪胎之後，r 減小，轉動速率會增加，因此速率計所顯示的速率會快於真正的速率。

5. 如果我們在 $v \propto r\omega$ 這個關係式的兩側，同時乘上「時間」因素，也就是：「切線速率・時間（$v \cdot t$）」$\propto$「徑向距離（r）×轉動速率・時間（$\omega \cdot t$）」
亦即：

「運動距離（s）」$\propto$「徑向距離（r）×角度（θ，或圈數）」

在這裡我們主要用了兩個關係式：一是我們早就學過的「速率的定義（$s = v \cdot t$）」，另一個是「轉動速率的定義：單位時間內，物體轉動的圈數或角度」。
由此，我們可以知道，對相同的運動距離來說，徑向距離與轉動的圈數（角度）會成反比。所以，如果計程車司機稍稍漏掉輪胎的一點氣，讓車輪小一些，那麼就相同的路程來說，輪胎便需要多轉個幾圈，讓里程計的讀數顯得比較大些，跳表的費用也就會高些。
不過，聰明的計程車司機還會考慮很多因素，例如漏掉一些氣的輪胎會不會比較費油？怎樣會讓輪胎磨損得少一些？是多打一些氣，或是漏一些氣？當然還有最重要的，就是行車安全：煞車距離與輪胎充氣程度之間的關係如何？

6. 以一個杯子來看，我們都知道它會往半徑小的那一端偏滾過去，因為對相同的轉動圈數來說，半徑小的那端轉動距離較小。當兩個杯

子以杯底相連之後，如圖 31a 所示，這樣的裝置不會有自動校正的功能；一旦運動軌跡有所偏差，便會愈偏愈多，最終會以離開軌道收場。（請與第 II 冊第 7 頁的「物理 DIY ：兩端瘦、中間胖的輪子」做比較，圖解請見本頁下方的圖 31b 。）

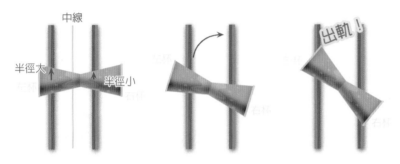

▲ 圖 31a
杯底相連而成的輪子，一旦偏右，軌道上的右杯半徑會小於左杯的半徑，因此整個輪子繼續往右偏轉過去，終至出軌。若一開始是左偏，最終會往左邊滾出去。

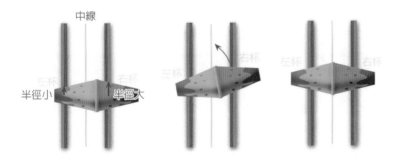

▲ 圖 31b
杯口相連而成的輪子，一旦偏右，由於軌道上的右杯半徑會大於左杯的半徑，因此整個輪子便會往左偏轉過去，「自我校正」回歸中線。若一開始是左偏，則會往右「自我校正」回歸中線。

▲圖 32

7. 撇開重力的因素不論，垂直牆面提供給機車騎士旋轉所需要的向心力。如圖 32 所示。

8. 空氣提供給老鷹翅膀的推力，就是老鷹要轉彎所需要的向心力。

9. 有可能。若法向力與重力的合力剛好等於旋轉所需要的向心力時，即使沒有摩擦力存在，汽車也是可以安然轉彎的。如圖 33 所示。

▶圖 33
法向力與重力的合力，剛好提供了汽車轉彎所需的向心力。

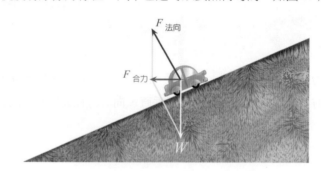

觀念引介

摩擦力

對於比較細心的同學來說，我們可以就摩擦力多討論幾個問題。

首先，汽車能向前進，就是靠車胎與地面之間的摩擦力（可複習第 I 冊第 145 頁起的第 6.6 節「馬－車問題」）。當我們在題目中假設沒有摩擦力存在時，這輛「行駛」中的汽車其實不是我們日常見到的汽車，因為若摩擦力不存在，譬如在結冰或非常泥濘的路面上，汽車的輪胎只會「空轉」（打滑），而無法推動汽車向前。

不過我們也別忘了牛頓第一運動定律，假設真的沒有摩擦力或其它任何阻力，只要我們把車推動之後，若不再去碰它，它也就不會停下來；而且，我們不僅不用發動引擎，它甚至連輪子都不需要轉動，就能一直滑行下去。

其次，由於實際的世界裡，摩擦力是存在的，所以，在道路的設計與施工上，工程師必須同時考慮曲率半徑、車速、摩擦力與傾斜路面角度這些因素。由於有摩擦力的關係，路面傾斜的角度可以稍微小一些。

10.向心力不會對物體做任何功。根據定義*，功是「力在運動方向上的分力」與「運動距離」的乘積。由於向心力是在徑向方向，物體運動方向是切線方向，二者互相垂直，向心力在運動方向的分力為零，所以與運動距離的乘積也為零，也就是向心力不會對旋轉的物體做功。

*根據「定義」

「根據定義」這句話很重要。定義不同於定律。定律是歸納實驗的結果，是大自然裡本來就存在的現象；定義可以簡單說是「人為的發明」。當人們要討論或闡述一些觀念想法時，往往需要對自己的用字遣詞，尤其是比較新的、或容易引起誤解的詞彙，加一些解釋或意義上的限制。只有在大家都對這個新名詞的意義有了共識之後，討論或溝通才得以進行。

在科學的討論上，也是如此。我們對物理上的「功」很容易有誤解，譬如說，我用盡氣力去推一道牆，累得半死，結果所做的功卻等於零！或是提著重物，在樓層之間，跑上跑下，最後回到原樓層，氣喘如牛，結果還是沒有做到功。

你要問「為什麼會這樣？」答案其實很簡單，就是在物理學裡，我們對功的「定義」如此：物體的位移為零，乘上再大的作用力，乘積還是等於零。

11. 也許我們離開慣性坐標系，進入這個旋轉的加速坐標系，以「離心力」的觀念來解釋，比較容易些。離心力的方向如圖 34 所示，在地球上，當自轉速率增大時，離心力（向上）會增大，把人拉離體重計，讓體重計的讀數（視重量）減少；相反的，在太空船裡，增大的離心力（向下），則是把人壓向體重計，而讓視重量增加。（注：這裡的上下方向，是以人的主觀感受為準，也就是頭朝上、腳朝下。）

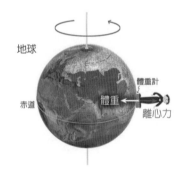

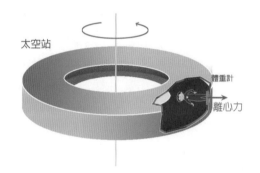

▲ 圖 34

從非慣性坐標系中的離心力方向來思考。

深入演練

當然我們也可以留在慣性坐標系裡，使用「向心力」的觀念來思考。先從太空站裡的人開始，參考第 II 冊第 10 頁的圖 9.8，當轉速增加時，太空人需要更大的向心力，才能和太空站一起旋轉，而這個額外的力量，是由太空站的地板（相當於圖 9.8 的錫罐罐底）所提供，如果在那裡放一個體重計，讀數當然會增加。

至於在地球上的人，我們知道，人是因為受重力的吸引，才會停在地面上（其實是跟著地表一起做圓周運動）；而重力的大小取決於地球與人的質量，以及二者之間的距離（地球半徑）。當地球自轉的速率增大時，需要較大的向心力，可是原有的重力大小，不足以提供新轉速所需要的向心力，所以人會被稍稍「向外甩」；這就好像人會稍稍離開地面一樣，這稍稍離開地面（體重計）的結果，就是人所減輕的體重。

我們可以用一條輕彈簧繫著小石頭，讓它做圓周運動來比喻（如圖35a）。石頭所受的向心力，用數學式表示為：

$$向心力\ F_c = m\frac{v^2}{r} = m\frac{(r\omega)^2}{r} = mr\omega^2$$

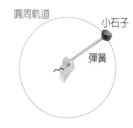

▲ 圖 35a

當轉速（ω）增加時，若要讓石頭維持在相同的半徑（r）上運轉，則需要對石頭提供較大的向心力；此時你會感覺到，你必須更用力握緊彈簧才行。想想牛頓第三運動定律的道理：你的手（透過彈簧）作用在石頭上的作用力（F_1），就是石頭所需的向心力，它的反作用力是什麼呢？當然就是石頭（透過彈簧）作用在你手上的作用力（F_2）。由於彈簧的張力（或彈力）與伸長量成正比，所以彈簧必須伸長一些，來提供這額外的向心力，看起來就是石頭被稍稍向外甩出去（半徑增大）。

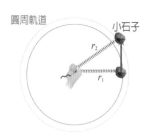

▲ 圖 35b
當轉速增大時，石頭的軌道半徑由 r_1 增為 r_2。

這裡還有一點需要強調一下：我們知道，若你忽然鬆手，石頭會因為向心力忽然消失，而沿著切線方向直線飛出去。因此，我們不難想像，這塊石頭不是沿著離心方向增加圓周半徑，而是沿著切線方向增加（如圖35b）。這也再次強調了，離心力的本質是慣性，起因於轉動的效應，屬於「虛擬力」。

12. 只要把這兩艘太空船綁起來，或是把太空船和另一個重物綁起來，讓它們彼此繞著對方旋轉，就可以模擬出重力了（請參考第 II 冊第 14 頁圖 9.10 的設計）。當然別忘了，如果轉動的速率過高，在裡面的人還是會覺得不舒服的（參考第 II 冊課文第 9.6 節的內容）。

實戰演練

1. (a) 「一個火星年等於三個金星年」的意思是：當火星繞太陽一圈時，金星已經繞了三圈。也就是說，在同樣的時間裡，金星轉動的圈數比較多，所以金星的轉動速率較高。

若我們以符號 $\omega_金$、$\omega_火$ 分別表示金星與火星的轉動速率，那麼他們二者的關係可以寫成：

$$\omega_金 = 3\,\omega_火$$

(b) 因為我們知道：切線速率（v）正比於「徑向距離（r）×轉動速率（ω）」，所以考慮線速率時，還得考慮它們與太陽之間的距離。已知：$r_火 = 2\,r_金$，

$$\begin{aligned}
v_金 : v_火 &= \omega_金 \cdot r_金 : \omega_火 \cdot r_火 \\
&= 3\,\omega_火 \cdot 1/2\,r_火 : \omega_火 \cdot r_火 \\
&= 3/2 : 1 \\
&= 3 : 2
\end{aligned}$$

所以，金星的線速率也較快。

2. 若想定量的把數值算出來，我們得先解決一下在第 II 冊第 9.2 節課文裡，沒有說得很清楚的單位問題。我們已經使用過 $v \propto r\,\omega$ 這個關係式很多次了，然而，在什麼情況下，我們才可以說 $v = r\,\omega$ 呢？也就是該如何選取合適的單位呢？答案是以每單位時間若干「弧度」來表示轉速，而不是用圈數（例如 RPM）。

弧度（radian）的定義是：如果有一個半徑為 1 單位長的扇形，其弧長也是 1 單位長（即半徑與弧長相等），那麼該扇形角便是 1 弧度，亦稱「弪」，可寫成 1 rad，或是只寫個「1」字也可以。如圖 36 所示。

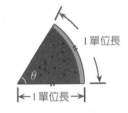

▲ 圖 36

弧度的定義：當弧長等於半徑時，其張角 θ 的大小，稱 1 弧度。

從「半徑與弧長相等」這個定義去推論，我們還可以得出：1π rad $= 180°$，2π rad $= 360°$。想想看，為什麼？我們都知道，2π 乘以半徑等於圓周長，若把這個圓周長視為弧度定義中的弧長，那麼，這個扇形角度便是 360°。因此，

$$360° = \frac{弧長}{半徑} = \frac{圓周長}{半徑} = \frac{2\pi \cdot 半徑}{半徑} = 2\pi$$

而且，我們也應該注意到，弧度其實是兩個長度（弧長與半徑）的比值，也就是說，它是沒有單位的。這也是我們可以只寫個「1」字的道理，因為在計算這個比值時，長度單位已經互相抵消掉了。

現在，回到我們的主題上：把每秒 10 圈的轉速改成以每秒若干弧度表示。由於 1 圈的弧度等於 $2\,\pi$，所以這個旋轉台的轉速是 $20\,\pi$／秒。

(a) 套用 $v = r\,\omega$ 的公式：

$$v = 10 \text{ km} \cdot \frac{20\pi}{1\text{ s}} = 628\,\frac{\text{km}}{\text{s}}$$

為了簡單起見，我們把 π 以 3.14 取代。注意計算過程裡的單位計算：當我們以公里表示徑向距離、每秒若干弧度表示轉速時，得出的切線速率就是以每秒若干公里為單位。

(b) 相同的道理：

$$v = 20\ km \cdot \frac{20\pi}{1\,s} = 1{,}256\ \frac{km}{s}$$

因為徑向距離加倍，所以線性速率是 (a) 的兩倍。

(c) 已知光速是每秒 30 萬公里，所以：

$$v = 300{,}000\ \frac{km}{s} = r \cdot \frac{20\pi}{1\,s}$$

簡單的移項運算：

$$\begin{aligned} r &= \frac{300{,}000\ km}{1\,s} \div \frac{20\pi}{1\,s} \\ &= \frac{300{,}000\ km}{1\,s} \times \frac{1\,s}{20\pi} \\ &= 4{,}777.1\ km \end{aligned}$$

將近需要 5 千公里的距離。

3. 在課文第 9.6 節（第 II 冊第 15 頁）裡提到：向心加速度的大小，與徑向距離及轉速的平方成正比。已知腳與太空站的中心相距 4 公尺，頭與太空站的中心相距 2 公尺：

$$a_{腳} : a_{頭} = r_{腳} : r_{頭} = 4 : 2 = 2 : 1$$

又 $a_{腳} = 1\,g$，所以 $a_{頭} = 0.5\,g = 4.9\ \mathrm{m/s}^2$。

頭部與腳部的重力加速度相差這麼大，實在不太舒服。下一題對於
為什麼我們需要一個大型的太空站，提供了很好的解釋。

4. 還是利用向心加速度的大小與徑向距離成正比的關係，不過，我們
　多用一點數學計算，來回答這一題。

　假設太空船的半徑是 r，你的身高是 h，若腳部受有重力加速度 g，
　頭部受有的重力加速度為 99/100 g：

$$a_{腳} : a_{頭} = r_{腳} : r_{頭}$$
$$\Rightarrow g : (1 - \frac{1}{100})g = r : r - h$$
$$\Rightarrow 100 : 99 = r : r - h$$
$$\Rightarrow 99\,r = 100\,r - 100h$$
$$\Rightarrow r = 100h$$

結論是太空船的半徑至少必須是我們身高的 100 倍以上，我們住在
裡面時，才不會覺得不舒服。

第 **10** 章

重　心

想清楚，說明白

1. 一個平衡的輪胎重心，應該在輪胎的正中心處。否則，汽車在高速
   行駛時，輪胎就像沒有把衣服擺好的洗衣機脫水槽那樣，會產生很
   多不必要的震動。

2. 若衣服沒有均勻擺好，則整體的重心不會位在脫水槽的轉軸上。我
   們知道，重心可以視爲整個物體重量集中的地方，所以，就好像在
   轉軸之外，多掛了一個重物，當脫水機啓動之後，對這個「重物」
   （其實是重心）而言，由於轉軸無法提供足夠的向心力，它會給往
   外甩，直到脫水槽撞到洗衣機的外殼。此時又受到來自洗衣機外殼
   的撞擊力，再加上重力，以及脫水槽轉軸因偏折而產生的反彈力等
   等，這些力的大小與方向，除了重力之外，又都變化得很快，於是

就造成脫水時搖搖晃晃的結果了。

3. 整體的重心會落在「架子與桌面的接觸面積」上方，否則這個酒瓶和架子所組成的系統，無法保持平衡。

4. 如圖 37 ，裝有水的這個玻璃杯，重心會離開底面積的範圍，所以會翻倒。

◀圖 37

5. 我們知道，當物體受到小小的擾動或傾斜，若重心的高度提高，是穩定平衡；若重心的高度降低，則是不穩定平衡；若重心的高度不變，則是隨遇平衡。所以，原圖左邊有隻猴子的是不穩定平衡，中間趴在繩子上的幾乎是隨遇平衡，右圖騎腳踏車的則是穩定平衡。

6. 我們知道，上方磚頭的重心不能超過下方磚頭的邊緣，否則，重力所產生的力矩，會讓磚頭倒下來。所以，上方這兩塊磚頭很容易就擺好了（圖 38a）。
同理，在考慮這兩塊磚頭與最底下那塊磚頭的相對位置時，我們可

▲圖 38a
兩塊磚的擺放方式

以把上面的兩塊磚頭視成一個「系統」。爲了方便描述，我們取最上方那塊磚頭的邊緣爲位置參考點（圖 38b），假設磚頭的長度爲 l，則這個系統的重心位於 $3l ／ 4$ 處。因此，第二塊磚突出第三塊磚的邊緣 $l ／ 4$（圖 38c）。

▲圖 38b
把上面那兩塊磚視成一個「系統」時的重心位置。

▲圖 38c
中間那塊磚的邊緣，與最下面那塊磚的邊緣相距 $l ／ 4$。

同學是否要試試，如果有四塊磚頭呢？第三塊磚需要突出第四塊磚若干距離呢？（答案是 $l ／ 6$。）

7. 由於檔案櫃裝滿了文件，當拉開最上層裝滿文件的抽屜時，重心很容易就會移出底面積的範圍，如圖 39 所示。若沒有妥善固定好，檔案櫃很容易便會翻倒。

8. 卡車 A 會翻倒，因爲它重心的鉛錘線超出車輪之間的地面。

9. 懷孕婦女或有啤酒肚的肥胖男子，若不把身體稍微向後傾，無法讓

▲圖 39

身體的重心，落在雙腳形成的底面積的上方某處（請見第 II 冊第 37 頁的圖 10.23），容易跌倒。

10.蹺蹺板會繼續保持平衡，一動也不動的停在那裡。因為兩個球之間的彈簧彈力，屬於「內力」，內力並不會影響系統的質心（或重心）位置，所以，蹺蹺板的兩側不會產生不平衡的力矩，因此會繼續保持平衡。

若要再仔細一點看，在兩個球都朝外遠離的時候，質量較大的撞球，向外移動的距離較小，而質量較小的高爾夫球，移動的距離較大，但是二者所產生的力矩卻是一樣大的（如圖 40）。

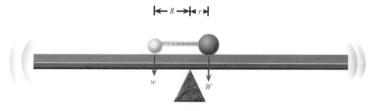

$$w_{高爾夫球} \cdot R = W_{撞球} \cdot r$$

▲圖 40

轉動力學

想清楚，說明白

1. 想橇開油漆罐時，選用長柄的螺絲起子較好；用粗柄的螺絲起子，
比較容易把鎖得很緊的螺絲鬆開。這樣選擇的理由是爲了增加力臂
的長度，達到省力的目的。

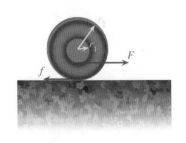

▲圖 41a

2. 記得要把握一個原則：合力造成加速度，合力矩造成角加速度。換
句話說，合力的方向，就是加速度的方向；合力矩的方向，就是角
加速度的方向。

朝右方施力時，如圖 41a 所示，當施力 F 大於地面的摩擦力 f 時，
線軸會朝右方加速。對線軸的中心而言，F 造成的力矩是 $F \times r_1$
（逆時針），摩擦力 f 造成的力矩是 $f \times r_2$（順時針），線軸轉動的方
向，由這兩個力矩的大小決定。

朝上方施力時，如圖 41b 所示，若施力 F 大於線軸的重量 W，則線軸會朝上方加速。對線軸的中心而言，F 造成的力矩是 $F \times r_1$（逆時針），所以線軸會一邊以逆時針方向旋轉，同時一邊向上加速運動。（附注：轉動與移動現象，是彼此獨立，不會互相干擾的。）

如圖 41c 所示，當施力 F 的水平分量 F_x 等於地面的摩擦力 f 時，線軸便不會有加速度產生。

▲ 圖 41b

3. 由於已知自己的體重，只要分別量出朋友與自己和支點之間的距離，利用力矩平衡的原理，就可以知道朋友的體重。用數學可以寫成：

$$W_{自己} \times r_{自己} = W_{朋友} \times r_{朋友}$$

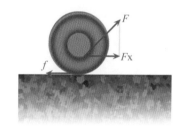

▲ 圖 41c

4. 很難不傾倒。較強壯的腳不會有什麼幫助，倒是較長的腳丫子可能有點幫助，不過，這腳丫子可是得相當長才行。

5. 兩手伸直之後，會增加身體的轉動慣量，相對於腳站在籬笆的地方，比較不容易轉動（跌下來）。參考第 II 冊第 54 頁的圖 11.10。

6. 從第 11.4 節（第 II 冊第 52 頁）關於「轉動慣量」的討論中，我們知道，因為空心圓柱的「單位質量的惰性」大於實心圓柱，也就是說，實心圓柱的轉動慣量較小，所以在滾下斜坡時，會有比較大的加速度。

同理，保齡球與排球的差別是，一個是實心球，一個是空心球。假設它們的半徑一樣大，雖然保齡球比排球的質量大很多，但「單位

質量的惰性」卻還是較小，所以滾動的加速度較大。

觀念引介

$$\tau = I\alpha$$

我們也可以很嚴謹的用數學來思考這個問題。

課文中並未提到 $\tau = I\alpha$，然而理解這個公式並不困難，它就像直線運動裡的 $F = ma$。轉動慣量 I 是描述轉動運動中的惰性程度，角色就和直線運動裡的質量一樣；外力讓物體在受力方向產生（直線）加速度，力矩 τ 則是讓物體產生轉動加速度 α（或稱角加速度）。所以，$\tau = I\alpha$ 是轉動運動中的牛頓第二運動定律。

爲了方便，我們只討論沒有滑動的單純滾動現象，也就是球與地面（或斜面）的接觸點沒有相對運動，因而我們可以把它視爲支點（支點是指轉動運動中，位置保持不變的點，一般來說是物體的轉軸。但在滾動的現象中，我們把球與地面的接觸點視爲「瞬間轉軸」），而重力所產生的力矩，就是讓球向下滾動的原因，如圖 42 所示。再者，不論是實心球或空心球，由於重心都是位在球心上，所以，我們都可以把重力看成集中在球心上。

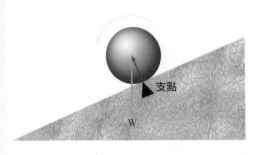

支點

W

▲圖 42

在正式計算之前，我們還得知道實心球與空心球的轉動慣量。第 II 冊第 57 頁的圖 11.13，已經告訴我們實心球的轉動慣量是 2/5 mr^2。至於空心球殼的轉動慣量，則是 2/3 mr^2，這兩個數字需要用微積分才能計算出來，尚未學過微積分的同學不必擔心，只要掌握「實心球比空心球的轉動慣量小」的觀念就可以了。

現在我們可以正式計算了，就實心球來說，它所受到的力矩是：

$$力矩 = 力 \times 力臂 = mg \cdot r\sin\theta$$
$$= 轉動慣量_{實心} \times 轉動加速度_{實心} = \frac{2}{5}mr^2 \cdot \alpha_{實心}$$

移項之後，我們發現，質量的因素抵消了，實心球的轉動加速度是：

$$\alpha_{實心} = \frac{5}{2} \cdot \frac{g\sin\theta}{r}$$

同理，空心球的情況是：

$$\tau_{空心} = mg \cdot r\sin\theta$$
$$= I_{空心} \cdot \alpha_{空心} = \frac{2}{3}mr^2 \cdot \alpha_{空心}$$

即　　$$\alpha_{空心} = \frac{3}{2} \cdot \frac{g\sin\theta}{r}$$

因此，實心的保齡球有較大的加速度；而質量或重量在這個問題上，並不重要。

7. 飛盤向內彎曲而有點厚的邊緣，這部分的質量增加了飛盤的轉動慣量，讓飛盤在飛行過程中得以比較平穩（轉軸的方向較難改變）。此外，向內彎曲的部分包住了一些空氣，在飛行的過程中，飛盤下方的空氣流速較慢，提供了飛盤額外的浮力，而可以飛得較遠。同學可參閱第Ⅲ冊第 97 頁起的第 20.7 節與第 20.8 節，關於白努利原理的討論。

8. 當然是裝水的輪胎比較難停下來，因為水的質量較大，所以輪胎在裝水之後，轉動慣量較大（$I \propto mr^2$）。別忘了，裝了水的輪胎比較難停下來，也意味著在開始時比較難加速。

9. 美式足球所使用的橄欖球，在中央球腹的地方，有一條繫帶。傳球者以手指橫抓住球面的繫帶，把手臂與球提至耳朵的高度，球在耳後，然後在把球快速拋出的同時，以手腕瞬間的爆發力，對橄欖球球腹的位置施加一個切線方向的作用力，讓它繞著長軸旋轉。目的是讓球容易接住。如圖 43 所示。

▲圖 43

10.當你朝著邊緣移動時，這個可以「自由」旋轉的轉盤，轉速會減慢
　下來；自由的意思是沒有外加的力矩。

　角動量守恆定律可以提供很好的解釋。當你朝著邊緣移動時，轉盤
　與你整體的轉動慣量會增大。

沙盤推演

1. 根據力矩的定義：

$$\text{(a) } \tau = F \cdot d = (50 \text{ N}) \times (0.2 \text{ m}) = 10 \text{ N} \cdot \text{m}$$
$$\text{(b) } \tau = F \cdot d = (50 \text{ N}) \times (0.5 \text{ m}) = 25 \text{ N} \cdot \text{m}$$

在本書的範圍，我們忽略力矩的向量特性。

2. (a) 從圖中我們知道，女孩的體重 300 牛頓，距離支點 3 公尺遠，所
　　以產生的力矩為：

$$\tau_{女孩} = F \cdot d = (300 \text{ N}) \times (3 \text{ m}) = 900 \text{ N} \cdot \text{m} \quad (逆時針方向)$$

　圖中蹺蹺板是平衡的，所以淨力矩 = 0 牛頓・公尺。
　由此我們可以推論，男孩所產生的力矩大小也是 900 牛頓・公尺，
　方向與女孩所產生的相反，為順時針方向。

　(b) 由於已知男孩所產生的力矩大小是 900 牛頓・公尺，男孩體重
　　是 600 牛頓，

$$\tau_{男孩} = 900 \text{ N} \cdot \text{m} = F \cdot d = (600 \text{ N}) \times (d \text{ m})$$

$$\Rightarrow d = 1.5 \text{ m}$$

所以，男孩距離中央支點 1.5 公尺。

(c) 如果這個男孩體重只有 400 牛頓，根據力矩平衡的原理：

$$\tau_{男孩} = \tau_{女孩}$$
$$\Rightarrow 400 \text{ N} \times 1.5 \text{ m} = 300 \text{ N} \times d_{女孩}$$
$$\Rightarrow d_{女孩} = 2 \text{ m}$$

女孩須坐在距離中央支點 2 公尺處。

實戰演練

1. 根據力矩平衡的原理，

$$\tau_{順時針} = \tau_{逆時針}$$
$$(1 \text{ kg}) \cdot g \cdot (100 \text{ cm} - 50 \text{ cm}) = m \cdot g \cdot (50 \text{ cm} - 25 \text{ cm})$$
$$\therefore m = 2 \text{ kg}$$

在計算式中，不論在等號兩側是否有寫出重力加速度 g，我們都可以得出相同的答案。但是，能區別質量與重量的不同，卻是一件很重要的事。重量是作用在物體（質量）上的重力大小，只有作用力才能產生力矩，質量是辦不到的。

2. 由於我們可以把直尺的重量，視爲全部集中在重心上，所以，

$$\tau_{重物} = \tau_{直尺}$$
$$(1\ kg) \cdot g \cdot (25\ cm - 0\ cm) = m_{直尺} \cdot g \cdot (50\ cm - 25\ cm)$$
$$\therefore\ m_{直尺} = 1\ kg$$

3. 根據角動量守恆定律，當女空中飛人的轉動慣量減少爲原來的三分之一時，她的轉速會增爲原來的三倍，也就是每分鐘可以旋轉六圈。

   我們也可以利用數學公式作計算。後來的角動量是原來的三分之一：

$$I_2 = \frac{1}{3} I_1$$

根據角動量守恆定律，

$$I_1 \cdot \omega_1 = I_2 \cdot \omega_2$$
$$\Rightarrow I_1 \cdot \omega_1 = \frac{1}{3} I_1 \cdot \omega_2$$
$$\therefore\ \omega_2 = 3\omega_1 = 3 \times 2\ 圈／秒 = 6\ 圈／秒$$

4. 由題意，每個吊艙與轉動軸心的距離是 450 公尺。由於對系統的轉動慣量來說，兩個吊艙的貢獻一模一樣，都是 $I = mr^2$，所以系統的轉動慣量是：

$$I = 2 \times mr^2$$
$$= 2 \times (1,000 \text{ kg}) \times (450 \text{ m})^2$$
$$= 405,000,000 \text{ kg} \cdot \text{m}^2$$
$$= 4.05 \times 10^8 \text{ kg} \cdot \text{m}^2$$

5. 當某個吊艙拉進了 100 公尺的纜線之後，吊艙與轉動軸心的距離變爲 400 公尺，所以系統新的轉動慣量變爲：

$$I_{新} = 2 \times mr^2_{新}$$
$$= 2 \times (1,000 \text{ kg}) \times (400 \text{ m})^2$$
$$= 3.2 \times 10^8 \text{ kg} \cdot \text{m}^2$$

根據角動量守恆定律，

$$I_{舊} \cdot \omega_{舊} = I_{新} \cdot \omega_{新}$$
$$\Rightarrow (4.05 \times 10^8 \text{ kg} \cdot \text{m}^2)(1.2 \text{ RPM}) = (3.2 \times 10^8 \text{ kg} \cdot \text{m}^2) \cdot \omega_{新}$$
$$\Rightarrow \omega_{新} = 1.5 \text{ RPM}$$

第 12 章

萬有引力

想清楚，說明白

1. 雖然這個標示沒有錯誤，但是，我想應該不需要獲得太大的注意。
   在科學的思考裡，除了「定性」上，我們知道這個商品的質量，會
   影響到宇宙中的每一個質量，我們還得進一步進行「定量」上的追
   問或研究，也就是這個影響有多大？
   對於地表的大多數物體，我們所關心的，只有它與地球之間的萬有
   引力大小而已。「萬有」引力雖然無所不在，但相較於地球，其它
   來源的萬有引力，量卻是非常小，可以忽略不計。

2. 由於地球對月球的引力，與月球對地球的引力，是一對作用力與反
   作用力，所以彼此大小相等、方向相反，且分別作用在不同的物體
   上（牛頓第三運動定律）。如果你想用數學公式來計算：

$$F_{地-月} = G \frac{M_{地} m_{月}}{R^2} = F_{月-地}$$

式中我們用 $F_{地-月}$ 表示月球對地球的吸引力，$F_{月-地}$ 爲地球對月球的吸引力，$M_{地}$ 與 $m_{月}$ 分別表示地球與月球的質量。從萬有引力定律的公式，我們可以清楚看出來，這對引力是彼此相等的。

3. 我們在地表上所受到的重力，就是我們的體重。這位女生所受到的重力大小是 500 牛頓，方向朝下（或朝向地心）。

附帶一提，這 500 牛頓的重力，主要是來自地球的引力。當然，太陽、月亮和各個星體也都有重力吸引著這位女生，只是這些力量相當小，在物理科學上，我們都忽略不計。不過，這些「微小的吸引力」在占星術上可是非常重要的，同學若有興趣，倒是可以利用本章所提供的一些數字（見「沙盤推演」），去計算一下。

4. 從原運行軌道的切線方向，開始進行等速率直線運動。

5. 不是。這 1.4 公釐是相對於軌道切線的距離，同學可再次參考第 Ⅱ 冊第 78 頁的圖 12.4 。由於地球是圓形的，當月球不斷的「掉離」這條切線時，看起來就是繞著地球運轉，因此，月球與地球之間的距離是保持不變的。（當然，若再進一步討論月球運行的橢圓軌道，則有「近地點」與「遠地點」之分，不過，在此我們只把這個軌道視爲圓形。請參閱第 14 章。）

如果月球的切線速度減小一些，月球會更接近我們一點。我們知道地球對月球的重力吸引，就是月球繞地球旋轉所需的向心力。這個題目只假設了切線速度減小，也就是說，我們必須再假設，二者

的重力大小不變，用數學公式寫下來，

$$F_g = F_c = m\frac{v^2}{r}$$

第一個等號的意思是重力 F_g 提供了向心力 F_c；第二個等號是向心力的公式，其中的 m 是月球質量，v 是切線速率，r 是旋轉半徑。在向心力與月球質量保持固定的情形下，切線速率的平方與軌道半徑成正比，換句話說，當切線速率變小時，軌道半徑也會變小，所以月球會更接近地球一點。

6. 當月球質量變爲兩倍時，地球對月球的引力會加倍，且月球對地球的引力也會加倍。
參考第 2 題的觀念：地球對月球的引力與月球對地球的引力，同時都加倍，然而彼此的大小還是相等的。

7. 從最簡單的觀念來想，我們知道地表附近的重力加速度，是月球表面的 6 倍大（同學可以根據月球質量 7.36×10^{22} 公斤，半徑 1.74×10^6 公尺這兩個數值，加上萬有引力常數，得出月球表面的重力加速度）；也就是說，對同一個質量的物體，在月球上的重量只有它在地表時的 6 分之一。所以，要讓火箭飛離地球，會比較困難，因此需要較多的燃料。
在同學學到第 14 章〈衛星運動〉第 14.5 節「脫離速率」之後，會對這個問題有更進一步的瞭解。

8. 宇宙擴張的速率正在減緩的說法，與萬有引力定律是相吻合的。就

像上拋的石子，在上升過程中，雖然速度朝上，但速率卻在減小，理由就是受到來自地球、向下的重力吸引。

大霹靂理論假設，宇宙中的物質從那一刻起，所有的物質便一直向外奔出，這就是「擴張」的意思。雖然宇宙至今還在擴張中，但是星球之間彼此的重力吸引，的確可能造成擴張的速率減慢，就像是上升的石子速率減慢一樣。只不過，目前的理論與觀測證據，都還無法預測宇宙是否會停止擴張，以及是否會有塌縮的現象。

9. 從萬有引力的公式，我們知道重力的大小，或說物體在某星球上的重量，不僅與星球的質量大小有關，也與星球的大小（半徑）有關。雖然木星的質量比地球大很多，但是，物體在它表面時的重量，與地球相比，並沒有相對應的倍數，理由必定是出在木星的半徑也比地球大很多的關係。（進一步的計算，請參考本章「實戰演練」第 4 題。）

10.若真要討論這一題，得從各個不同的觀點出發，真的是可以寫成另外一本書。不過，我們在此可以簡單的這麼說，萬有引力定律的「正確性」，目前並沒有受到質疑，只不過，所有科學定律或理論的本質之一，就是它們都只是「暫時性正確」而已，也就是說，在反對證據或實驗出現之前，我們承認這個理論的正確性，但是我們也不排除，有新的理論出現的可能。

沙盤推演

1. 根據萬有引力定律公式：

$$F = G\frac{M_{地}m}{R_{地}^2}$$

$$= (6.67\times10^{-11}\ \text{N}\cdot\text{m}^2/\text{kg}^2) \times \frac{(6\times10^{24}\ \text{kg})(1\,\text{kg})}{(6.4\times10^6\ \text{m})^2}$$

$$= 9.8\ \text{N}$$

同學是否回憶起，我們曾在第 4 章〈牛頓第一運動定律〉討論過的「1 公斤重 9.8 牛頓」？

2. 由於萬有引力的大小與兩物距離的平方成反比，當物體與地心的距離變爲兩倍時，所受重力大小只剩下四分之一。也就是：

$$9.8\ \text{N} \div 4 = 2.45\ \text{N}$$

3. 地球與月球之間的重力大小爲：

$$F_{地-月} = G\frac{M_{地}m_{月}}{R_{地-月}^2}$$

$$= (6.67\times10^{-11}\ \text{N}\cdot\text{m}^2/\text{kg}^2) \times \frac{(6\times10^{24}\ \text{kg})(7.4\times10^{22}\ \text{kg})}{(3.8\times10^8\ \text{m})^2}$$

$$= 2.1\times10^{20}\ \text{N}$$

4. 地球與太陽之間的重力大小爲：

$$F_{日-地} = G\frac{M_{日}m_{地}}{R_{日-地}^2}$$

$$= (6.67 \times 10^{-11} \ \text{N} \cdot \text{m}^2/\text{kg}^2) \times \frac{(2.0 \times 10^{30} \ \text{kg})(6 \times 10^{24} \ \text{kg})}{(1.5 \times 10^{11} \ \text{m})^2}$$

$$= 3.6 \times 10^{22} \ \text{N}$$

由此我們可以看出來，太陽對地球的吸引力，大約是月球對地球吸引力的 170 倍。

5. 火星對這位嬰兒的吸引力大小爲：

$$F_{嬰兒-火星} = G \frac{M_{火星} m_{嬰兒}}{R^2_{火星-嬰兒}}$$

$$= (6.67 \times 10^{-11} \ \text{N} \cdot \text{m}^2/\text{kg}^2) \times \frac{(6.4 \times 10^{23} \ \text{kg})(4 \ \text{kg})}{(8 \times 10^{10} \ \text{m})^2}$$

$$= 2.7 \times 10^{-8} \ \text{N}$$

從第 1 題的計算過程，我們知道地球給這位嬰兒的重力大小是 39.2 牛頓，大約是來自火星的 15 億（1.5×10^9）倍

6. 醫生對這位嬰兒的重力大小爲：

$$F_{嬰兒-醫生} = G \frac{M_{醫生} m_{嬰兒}}{R^2_{醫生-嬰兒}}$$

$$= (6.67 \times 10^{-11} \ \text{N} \cdot \text{m}^2/\text{kg}^2) \times \frac{(75 \ \text{kg})(4 \ \text{kg})}{(0.3 \ \text{m})^2}$$

$$= 2.2 \times 10^{-7} \ \text{N}$$

來自醫生的重力，大了 8 倍左右。所以，若按照占星術的理論，這個嬰兒的個性，恐怕受婦產科醫生的影響比火星的影響還來得大！

實戰演練

1. 由於重力與距離的平方成反比，所以當月球繞地球的軌道半徑加倍時，它們之間的重力大小會變為原來的四分之一。根據牛頓第二運動定律（$F = ma$），同一物體的加速度與它所受的外力成正比。
   從第二章裡，我們知道

$$d = \frac{1}{2}at^2$$

   意思就是，等加速度運動的物體，在相同的時間裡，運動距離與加速度大小成正比。因此，月球朝地球「掉落」的距離也會減為四分之一，亦即每秒掉落 0.35 公釐（1.4 公釐 ÷ 4）。

2. 我們知道，萬有引力的大小與兩物的質量乘積成正比，與兩物的距離平方成反比。因為我們的質量不會改變，所以在行星（地球）上的體重，就與該行星的質量成正比，且與該行星半徑的平方成反比。所以，當地球的質量加倍時，我們的體重也會加倍；當地球的半徑加倍時，我們的體重會減為原來的四分之一。若地球質量與半徑同時加倍，則我們的體重會減半。
   我們也可以利用萬有引力公式來計算：

$$F_1 : F_2 = G\frac{M_{地} \cdot m}{R_{地}^2} : G\frac{M'_{地} \cdot m}{(R'_{地})^2}$$

$$= \frac{M_{地}}{R_{地}^2} : \frac{2M_{地}}{(2R_{地})^2}$$

$$= 1 : \frac{1}{2}$$

$$= 2 : 1$$

3. 當你與地心的距離加倍時，體重將減為四分之一。

4. 從「想清楚，說明白」第 9 題中，我們得知，物體在木星表面的重量是地球上的 2.5 倍，我們可以寫成 $F_{地} : F_{木} = 1 : 2.5$。

已知木星質量是地球質量的 300 倍（$M_{木} = 300\ M_{地}$），假設物體質量為 m，利用萬有引力的公式：

$$1 : 2.5 = G\frac{M_{地}m}{R_{地}^2} : G\frac{M_{木}m}{R_{木}^2}$$

$$= \frac{M_{地}}{R_{地}^2} : \frac{M_{木}}{R_{木}^2}$$

$$= \frac{M_{地}}{R_{地}^2} : \frac{300M_{地}}{R_{木}^2}$$

$$= \frac{1}{R_{地}^2} : \frac{300}{R_{木}^2}$$

$$\Rightarrow \frac{2.5}{R_{地}^2} = \frac{300}{R_{木}^2}$$

$$\Rightarrow R_{木} = \sqrt{120}R_{地} \approx 11R_{地}$$

所以我們可以看出，木星的半徑大約是地球的 11 倍。

5. 從「沙盤推演」的第 3 題，我們已經計算出地球與月球之間的重力
大小是

$$F_{地-月} = 2.1 \times 10^{20} \text{ N}$$

已知鋼纜的抗張強度是 5.0×10^8 牛頓／公尺^2，假設所需鋼纜的直
徑為 d 公尺，則：

$$F = 抗張強度 \times 鋼纜截面積$$

$$2.1 \times 10^{20} \text{ N} = (5.0 \times 10^8 \text{ N/m}^2)[\pi \cdot (\frac{d}{2})^2]$$

把圓周率 π 以 3.14 代入，經過簡單的計算，我們需要的鋼纜直徑為

$$d = 7.3 \times 10^5 \text{ m} = 730 \text{ km}$$

730 公里是將近兩個台灣的長度！

重力交互作用

想清楚，說明白

1. G 值不會有改變，因為它是萬有引力「常數」。而重力場強度

$$g = \frac{GM}{R^2}$$

當地球的大小不變（R 固定），質量增為兩倍（M 加倍）時，地表的重力場強度 g 也會增為兩倍。

2. (a) 在新的地表上，地球半徑為原來的一半，質量不變，依據平方反比律，在新的地表上，g 值為原來的 4 倍（約 39.2 公尺／秒^2）。
   (b) 距離新地表一個新半徑遠的高空，就是原來的地球表面位置，由於地球質量不變，所以重力場強度等於原來的 g 值。

3. 在地表附近，重量約 1 牛頓的蘋果，質量約是

$$m_{蘋果} = \frac{W_{蘋果}}{g_{地球}} = \frac{1\,\text{N}}{9.8\,\text{m/s}^2} = 0.102\,\text{kg}$$

半徑約為 3 公分（去找一個蘋果來看看）。那麼在蘋果表面的重力場強度是

$$
\begin{aligned}
g_{蘋果} &= G\frac{m_{蘋果}}{R_{蘋果}^2} = (6.67 \times 10^{-11}\,\text{N} \cdot \text{m}^2/\text{kg}^2) \cdot \frac{1.02 \times 10^{-1}\,\text{kg}}{(0.03\,\text{m})^2} \\
&= 7.56 \times 10^{-9}\,\text{N/kg}
\end{aligned}
$$

我們刻意算出這個數字，讓同學與地表的重力場強度（9.8 N/kg）做個比較，去感受一下蘋果表面的重力場強度有多麼微小。然而，我們所需要的蘋果重力場強度並不是這個，而是距離蘋果核 6,400 公里處的重力場強度：

$$
\begin{aligned}
g'_{蘋果} &= G\frac{m_{蘋果}}{R^2} = (6.67 \times 10^{-11}\,\text{N} \cdot \text{m}^2/\text{kg}^2) \cdot \frac{1.02 \times 10^{-1}\,\text{kg}}{(6.4 \times 10^6\,\text{m})^2} \\
&= 1.66 \times 10^{-25}\,\text{N/kg}
\end{aligned}
$$

這裡的 R 是蘋果核與地心的距離。由於 3 公分與 6,400 公里相比起來，實在是微不足道，所以我們只用 6,400 公里來做計算。同學應該可以看得出來，因為重力場強度與距離的平方成反比，因此，蘋果在地心位置的重力場強度，實在是非常渺小。至此，我們可以得出地球在蘋果重力場內的重量是：

$$W_{地球} = M_{地球}g'_{蘋果} = (6 \times 10^{24}\ \text{kg})(1.66 \times 10^{-25}\ \text{N/kg})$$
$$= 0.996\ \text{N} \approx 1\ \text{N}$$

在蘋果重力場內，地球的重量約是 1 牛頓！同學是否會覺得很奇怪，地球不是應該很重的嗎？怎麼會只跟一個蘋果一樣重呢？

這背後的道理，就是牛頓第三運動定律：地球拉蘋果的引力（作用力）等於蘋果拉地球的引力（反作用力）。雖然我們在地球與蘋果之間，多加了重力場的觀念*：

地球 ⇔ 重力場 ⇔ 蘋果

也就是「在地球的重力場內，蘋果重約 1 牛頓」與「在蘋果的重力場內，地球重約 1 牛頓」，但是這並不會影響地球與蘋果之間的交互作用力大小。

4. 反對！當我們掉入這個通道之後，在我們的背後，便開始有部分的地球質量，把我們「往上拉」。請參考第 II 冊課文第 102 頁的第 13.2 節「行星內部的重力場」與圖 13.4 的說明文字。

5. 假設行星正在收縮，而你一直位於行星的表面，那麼，整個行星的質量都會拉著你，根據距離的平方反比律，你的體重會增加。

然而，若你從行星表面開始挖洞，朝地心前進，那麼對你的體重有貢獻的行星質量，便開始減少；如次頁的圖 44，以你所在的位置和地心的距離為半徑，可以畫出一個球殼，只有在你所在球殼以下的行星質量，才對你的體重有貢獻，在你位置上方的球殼，對你的體重完全沒有貢獻，這就是你體重會減少的原因。

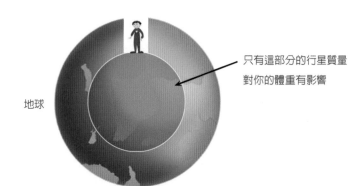

只有這部分的行星質量
對你的體重有影響

地球

◀圖 44

6. 取具有向下 9.8 公尺／秒^2 加速度的電梯爲坐標系，裡面的觀測者（你）看到的手提袋是「靜止」（或飄浮）在空中的。若改取地球表面爲坐標系，上面的觀測者所看到的，則是電梯和手提袋一起自由掉落。

7. 月食之前，月亮看起來最圓（滿月）。參考第 II 冊第 112 頁的圖 13.15，月食發生於「日－地－月」成一直線時（地球居中），在地球上，我們會先看到滿月，然後是月亮進入地球的陰影區，感覺好像「月亮被吃掉了」，所以稱作月食。

反之，日食是月球在太陽與地球之間，我們先看到的是太陽（白天），然後，月球在上空飛過，遮住太陽。不過，月球是以暗的那面向著地球，所以在日食之前，我們是看不到月亮的。對於地球上屬於夜晚的另一半球，由於是新月，根本就超出視線範圍，當然也無法看到月亮。

8. 因為球面積與半徑的平方成正比，地球半徑增大之後，分布在地表的海水深度會減少，那麼地球兩側的海水被「拉長」的效果，會比較不明顯，也就是高低潮的潮差高度會減小。

　　若是月球的質量不變，只有半徑稍微增大，對地球的潮汐現象不會有什麼影響。因為半徑增加之後的月球，對地球仍然有相同大小的重力。

9. 由於月亮與地球的距離，比身高大很多很多，所以，月球對人體頭頂與腳底的引力「差」不大。因此不會產生顯著的「生物潮汐」現象。

　　這個道理與太陽和月球對地球潮汐現象的影響一樣，雖然太陽對地球的引力大於月球對地球的引力，但由於距離的關係，太陽對地球兩側海水的引力差，卻遠小於月球的貢獻。請參考第 II 冊課文第 107 頁起的第 13.4 節裡的數據。所以，太陽不會對地球造成顯著的潮汐現象。

10.同學應再仔細參考第 II 冊第 118 頁的圖 13.19 的說明，以及相關課文的說明。由於黑洞在塌縮前後，質量沒有改變。在恆星塌縮前的半徑以外的地方，重力場沒有任何的變化，只有在小於原恆星半徑的地方，重力場強度才會大到「連光也逃不出來」。

　　不論在黑洞形成之前或之後，它附近之所以有很強的重力場，原因是：能形成黑洞的恆星，本身就具有非常大的質量。但只有在小於原恆星半徑的地方，才會產生「致命的吸引力」。

沙盤推演

1. 我們把這些數據，代入公式裡：

$$T_F = \frac{4GMR}{d^3}$$

$$= \frac{4(6.67 \times 10^{-11}\ \text{N} \cdot \text{m}^2/\text{kg}^2)(7.35 \times 10^{22}\ \text{kg})(6.4 \times 10^6\ \text{m})}{(3.85 \times 10^8\ \text{m})^3}$$

$$= 2.2 \times 10^{-6}\ \text{N/kg}$$

所以，地表上 1 公斤的水，在地球兩端，受到來自月球的引力差（潮汐力）為 2.2×10^{-6} 牛頓。

2. 假設你的身高是 2 公尺，也就是 $R = 1$ 公尺，

$$T_F = \frac{4GMR}{d^3}$$

$$= \frac{4(6.67 \times 10^{-11}\ \text{N} \cdot \text{m}^2/\text{kg}^2)(7.35 \times 10^{22}\ \text{kg})(1\ \text{m})}{(3.85 \times 10^8\ \text{m})^3}$$

$$= 3.4 \times 10^{-13}\ \text{N/kg}$$

這個數值只有第 1 題的千萬分之一。

3. 假設身高同樣是 2 公尺，那麼來自地球，作用在我們身上的潮汐力約是：

$$T'_F = \frac{4GMR}{d^3}$$

$$= \frac{4(6.67\times10^{-11}\ \text{N}\cdot\text{m}^2/\text{kg}^2)(6.0\times10^{24}\ \text{kg})(1\ \text{m})}{(6.4\times10^6\ \text{m})^3}$$

$$= 6.1\times10^{-6}\ \text{N/kg}$$

比起來自月球的潮汐力，大了約 2 千萬（1.8×10^7）倍。

4. 哈密瓜作用在我們身上的潮汐力約是

$$T_F = \frac{4GMdR}{(d^2-R^2)^2}$$

$$= \frac{4(6.67\times10^{-11}\ \text{N}\cdot\text{m}^2/\text{kg}^2)(1\ \text{kg})(2\ \text{m})(1\ \text{m})}{[(2\ \text{m})^2-(1\ \text{m})^2]^2}$$

$$= 5.9\times10^{-11}\ \text{N/kg}$$

比月球潮汐力大了約 200 倍，約是地球潮汐力的十萬分之一。

實戰演練

1. 由於重量等於火星與物體間的重力大小：

$$W = F_{火星} = G\frac{M_{火星} \cdot m}{R_{火星}^2}$$

$$= G\frac{0.11M_{地球}}{(0.53R_{地球})^2} \cdot m$$

$$= 0.4 \cdot \frac{GM_{地球}}{R_{地球}^2} \cdot m$$

$$= 0.4 \times 9.8 \text{ m/s}^2 \times 1 \text{ kg}$$

$$= 3.9 \text{ N}$$

在這裡，我們只利用題目所給的關係，也就是火星與地球在質量與半徑的比例關係。從計算過程中，我們也可以看出，火星上的重力場強度，約是地球上的 0.4 倍。

2. 距離地表 200 公里（H）高空處的重力場強度是

$$g' = G\frac{M_{地球}}{R^2} = G\frac{M_{地球}}{(R_{地球} + H)^2}$$

$$= (6.67 \times 10^{-11} \text{ N} \cdot \text{m}^2/\text{kg}^2) \cdot \frac{6 \times 10^{24} \text{ kg}}{(6.37 \times 10^6 \text{ m} + 2.0 \times 10^5 \text{ m})^2}$$

$$= (6.67 \times 10^{-11} \text{ N} \cdot \text{m}^2/\text{kg}^2) \cdot \frac{6 \times 10^{24} \text{ kg}}{(6.37 \times 10^6 \text{ m} + 0.2 \times 10^6 \text{ m})^2}$$

$$= (6.67 \times 10^{-11} \text{ N} \cdot \text{m}^2/\text{kg}^2) \cdot \frac{6 \times 10^{24} \text{ kg}}{(6.57 \times 10^6 \text{ m})^2}$$

$$= 9.27 \text{ N/kg}$$

$$= 9.27 \text{ m/s}^2$$

它是地表重力場強度 9.8 公尺／秒^{2}的 95%，所以在 200 公里高空的太空梭，所受到的重力大小，與在地表相當接近。

在上面的計算過程中，列出以科學記號計算距離的過程： 200 公里以科學記號表示應為 2.0×10^5 公尺，但在計算時需改成 0.2×10^6 公尺，才能與地球半徑相加，希望這對科學記號的運算還不是很熟練的同學有點幫助。此外，也希望再次提醒同學，單位「牛頓／公斤」與「公尺／秒^2」二者是相等的。

3. 我們知道，重力場強度與星球質量、半徑的關係為：

$$g = G\frac{M_{巴隆尼斯}}{R^2}$$

已知行星的半徑為 2.0×10^5 公尺，重力場強度 3 公尺／秒^2。故行星質量為：

$$
\begin{aligned}
M_{巴隆尼斯} &= \frac{g \cdot R^2}{G} \\
&= \frac{(3\,\mathrm{m/s^2})(2.0 \times 10^5\,\mathrm{m})^2}{6.67 \times 10^{-11}\,\mathrm{N \cdot m^2 / kg^2}} \\
&= 1.8 \times 10^{21}\,\mathrm{kg}
\end{aligned}
$$

同學應該要能看得出來，單位確實是公斤無誤。

4. 我們選火星為例，火星質量為：

$$M_{火星} = 0.11\,M_{地球} = 0.11 \times 6.0 \times 10^{24}\,\mathrm{kg} = 6.6 \times 10^{23}\,\mathrm{kg}$$

火星在近日點時，與地球（你）的距離 d 約為 5.6×10^{10} 公尺，還是假設你的身高為 2 公尺，也就是 $R = 1$ 公尺，

把這些數值代入公式

$$T_{\text{F}, \text{火星}} = \frac{4GMR}{d^3}$$

$$= \frac{4(6.67 \times 10^{-11}\ \text{N} \cdot \text{m}^2 / \text{kg}^2)(6.6 \times 10^{23}\ \text{kg})(1\ \text{m})}{(5.6 \times 10^{10}\ \text{m})^3}$$

$$= 1.0 \times 10^{-18}\ \text{N/kg}$$

比起火星，哈密瓜作用在我們身上的潮汐力，要大了約 6 千萬倍！所以，也許只要帶個水果在身上，就可以「改運」喔！（據說，這就是「傻瓜」一詞的由來。）

第 14 章

衛星運動

想清楚，說明白

1. 因為在月球表面附近，沒有大氣存在；若人造衛星在地球上方 5 公里處運行，因空氣阻力所產生的熱量，很快就會把衛星燒毀。

2. 在第 II 冊課文第 129 頁起的 14.2 節裡，我們假設衛星以圓形軌道運行，在軌道上衛星的切線速率為 $v = \sqrt{GM/d}$　，其中 M 是地球質量，d 是衛星與地心的距離，G 是萬有引力常數。由這個公式，我們可以得知：衛星繞地球運轉的速率，只與地球質量，以及它與地球的距離有關，而與衛星的質量無關。

深入演練

推導這個公式的過程不難，因為我們知道衛星繞行地球所需的向心

力，來自於衛星與地球之間的重力。第 9 章〈圓周運動〉第 9.4 節曾經提過（見第 II 冊第 9 頁倒數第 4 行），質量 m 的衛星，與地球距離 d，以切線速率 v 繞地球，進行圓周運動所需的向心力爲：

$$F = m\frac{v^2}{d}$$

由於這個力來自衛星與地球的重力，所以我們寫成[*]：

$$F_{重力} = G\frac{M_{地球}m}{d^2}$$
$$= F_{向心力}$$
$$= m\frac{v^2}{d}$$

把這個式子簡單做個運算，就可以得出：$v = \sqrt{GM/d}$ 。

我們知道衛星的軌道半徑是 d，所以繞行一周所行的距離是 $2\pi d$；又已知繞行的切線速率是 $v = \sqrt{GM/d}$，所以繞行一周所需的時間（週期）爲

$$T = \frac{路徑長}{速率} = \frac{2\pi d}{\sqrt{GM/d}} = 2\pi\sqrt{\frac{d^3}{GM}}$$

3. 當砲彈以拋物線下落時，在砲彈的位置，我們可以把重力分解成兩個分量：一個與運動的切線方向平行，另一個與運動的切線方向垂直。與切線方向平行的這個重力分量，增加了砲彈的運動速率；垂直的這個分量，則是改變了砲彈的運動方向（否則砲彈應該做直線

[*]力的定律＝
運動定律

這個寫法是很典型的牛頓力學思考模式：「力的定律＝運動定律」。力的定律是指力的來源，是造成運動的原因，以此題爲例是「萬有引力」；至於運動定律則是質量與加速度的乘積（或用動量變化量亦可）。以此題爲例，由於是圓周運動，所以加速度就是向心加速度，是萬有引力所造成的結果。

運動）。

當砲彈以圓形軌道繞行地球時，重力在運動的切線方向沒有分量，所以砲彈會以等速率運行。與運動方向垂直的重力，只會改變運動方向而已。

4. 在橢圓軌道上，我們可以把重力分解成兩個分量：一個與運動的切線方向平行，另一個與運動的切線方向垂直，如第 II 冊第 136 頁的圖 14.12 所示。與運動方向平行的重力分量，會對衛星做功，而轉換成衛星所獲得的動能（功－能定理）。

5. 別忘了地球可是有在自轉的，當衛星「停留」在空中的某一點，並不是沒有在運動，而是它繞地球運轉的週期，等於地球自轉的週期，才會「看起來」好像靜止不動。

6. 因為月球表面的重力場強度小於地球，所以她的脫離速率較小。或是從脫離速率的公式 $v = \sqrt{2GM/d}$ ，其中 M 是月球質量， d 是月球半徑，也可得出月球表面的脫離速率約是 2.4 公里／秒。

7. 由於地球自轉的關係，和南北極相比，赤道有比較大的切線速率。以讓衛星具有相同的切線速率而言，在赤道附近發射人造衛星，可以節省一些燃料（或能量）。

8. 道理和第 7 題一樣，由於速度可以相加成，向東方發射的太空梭，相對於遠處靜止的恆星來說，具有比較大的速率；這可以說是利用了地球自轉的切線速率。

9. 只要能減少這個物體的切線速率，就可以讓它墜回地球。所以，水平朝後方拋出物體，向斜後下方，或是斜前下方拋出，只要物體在切線方向的速率小於在軌道上運行所需的切線速率，物體便會墜回地球。

10. 由於重力的大小與距離平方成反比，所以隨著火箭的升空，重力減弱的速率很快，因此大部分我們對火箭所做的功，都花費在地表附近。

11. 我們可以反過來思考這個問題。假設這個物體，在離地球相當遠處的位能爲零，由於地球重力做功所增加的動能，就等於是我們對它施力，反抗重力做功。若要讓這個物體到達相當遠的地方，我們所施予的動能，必須要讓物體可以達到脫離速率。因此，這個從無限遠處「回來」的物體，最大的可能速率，正是地表的脫離速率，也就是 11.2 公里／秒（忽略空氣阻力）。

12. 與第 11 題的道理相同。由於冥王星距離太陽已經算是相當遠了，所以當冥王星從靜止開始出發，到它撞上太陽時，速率只略小於太陽的脫離速率而已，大約是 620 公里／秒（見第 II 冊第 139 頁，表 14.1 的數據）。

13. 從觀念上來想，地球質量增加，但半徑不變，則地表上的重力場強度增大，脫離速率當然也會增大。

   （同學也可利用公式 $v = \sqrt{2GM/d}$ 來幫忙思考。）

14.(a) 重力在 A 處最大，因為兩星球相距最近。

(b) 速率在 A 處最大，根據能量守恆定律，在 A 處的位能最小，動能最大（參考第 II 冊第 136 頁的圖 14.11）。

(c) 速度在 A 處最大，理由同(b)。

(d) 動量在 A 處最大。動量是速度與質量的乘積，速度大者，動量自然大。

(e) 動能在 A 處最大，動能（$= \frac{1}{2} mv^2$）與速率的平方成正比。

(f) 重力位能在 C 處最大，因為兩星球相距最遠。

(g) 總能量在四處皆相同，因為沒有外力作用在這個系統（行星與衛星）上，系統的總能量守恆（參考第 II 冊第 136 頁的圖 14.11）。

(h) 加速度在 A 處最大，根據牛頓第二運動定律（$F = ma$），加速度與物體所受的外力成正比，因為重力在 A 處最大，故加速度最大。

(i) 角動量在四處皆相同，因為沒有力矩作用在衛星上，所以衛星的角動量守恆。同學可回憶「力矩」的定義：作用力乘上力臂。由於作用在衛星上的重力，與兩星球的連線平行（如圖 45），也就是重力的方向通過轉軸，等於沒有力臂可言，因此作用在衛星上的力矩為零。

▶ 圖 45
由於作用在衛星的重力，平行於衛星與行星的連線，所以力臂為零，也就是造成的力矩為零，因此角動量守恆。

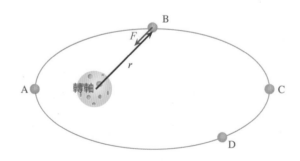

實戰演練

1. 地球（行星）繞太陽公轉的方式，與衛星繞行星運轉的方式相同。
   利用切線速率公式：

$$v = \sqrt{GM/d}$$

其中 M 是太陽的質量，約爲地球質量的 333,000 倍（見第 II 冊第 139 頁的表 14.1）；d 爲太陽與地球的（平均）距離，約爲地球直徑的 12,000 倍（見第 II 冊第 110 頁，第 13.4 節課文）。利用這兩個數據，以及萬有引力常數，可得出地球繞太陽公轉的速率爲：

$$\begin{aligned}
v &= \sqrt{\frac{GM_{日}}{d_{日-地}}} \\
&= \sqrt{\frac{G \times 333,000 M_{地}}{12,000 \times 2R_{地}}} \\
&= \sqrt{\frac{(6.67 \times 10^{-11} \mathrm{N \cdot m^2/kg^2}) \times (3.33 \times 10^5 \times 6 \times 10^{24}\ \mathrm{kg})}{1.2 \times 10^4 \times 2 \times 6.4 \times 10^6\ \mathrm{m}}} \\
&= 2.95 \times 10^4\ \mathrm{m/s}
\end{aligned}$$

也就是每秒約 30 公里。

2. 同樣的道理，取 M 是地球質量；d 爲月球與地球的（平均）距離，可得月球繞地球公轉的速率爲：

$$v = \sqrt{\frac{GM_{地}}{d_{地-月}}}$$

$$= \sqrt{\frac{(6.67 \times 10^{-11} \mathrm{N \cdot m^2 / kg^2}) \times (6 \times 10^{24} \mathrm{kg})}{3.85 \times 10^8 \mathrm{m}}}$$

$$= 1.02 \times 10^3 \mathrm{m/s}$$

也就是每秒約 1 公里。

3. 根據所給的數據，月球表面的脫離速率為：

$$v_{脫離} = \sqrt{\frac{2GM_{月}}{d_{月}}}$$

$$= \sqrt{\frac{2 \times (6.67 \times 10^{-11} \mathrm{N \cdot m^2 / kg^2}) \times (7.35 \times 10^{22} \mathrm{kg})}{1.74 \times 10^6 \mathrm{m}}}$$

$$= 2,374 \mathrm{m/s}$$

與第 II 冊第 139 頁表 14.1 中的數據每秒 2.4 公里相吻合。

第 15 章

狹義相對論

——空間與時間

想清楚，說明白

1. 靜止的火車與等速行駛中的火車，都算是「慣性坐標系統」，若我們是火車裡的乘客，在感覺上是完全沒有差別的。（當然，眞實的火車，再怎麼「平穩」，也會有一些晃動與噪音，因爲鐵軌之間有空隙，這是爲了避免鐵軌因熱漲冷縮現象而彎曲變形。然而，這個現象就像我們以前討論「沒有摩擦力」的理想環境一樣，暫時可以忽略不管。）

當火車有加速度時，它就成了「加速坐標系統」。在加速坐標系統裡，會有「虛擬力」存在。如果用一碗水來看，如次頁的圖 46 所示：水面並不是「水平」的。

 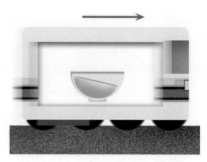

▲圖 46

(a)靜止或等速行駛的火車　　　　　　(b) 加速運動中的火車

2. 當你朝著火車前進方向丟出球時，對火車外的觀測者而言，球速等
於火車的速率，再加上你所丟出的球速。也就是說，和火車上的觀
測者相比，球速較快。

如圖 47 所示：火車車速 $v_{\text{火車－地}}$，球離手的速度 $v_{\text{球－火車}}$，則地球上的
觀測者所見之球速為 $v_{\text{球－地}} = v_{\text{球－火車}} + v_{\text{火車－地}}$。

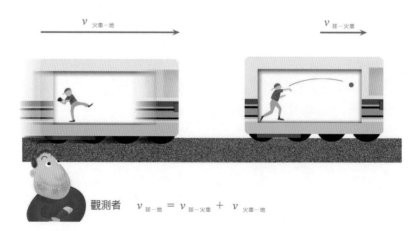

▶圖 47
在火車外的觀測者，
所看到的球速較快。

觀測者　$v_{\text{球－地}} = v_{\text{球－火車}} + v_{\text{火車－地}}$

3. 光速對這兩個觀測者來說，都是相同的速率。也許同學覺得很難想像，但這可是經過實驗證實的「定律」。

第 II 冊課文第 154 頁起的 15.3 節，已經對這個現象做了很詳細的說明，我們在這裡多補充兩句，雖然課文 15.5 節說：「光速恆定」是愛因斯坦狹義相對論的第二個「假設」，但是同學別把「光速恆定」誤會成只是一個假設，而非事實。光速恆定是在 1887 年，由兩位美國物理學家邁克生和毛立做實驗所得的結果（請參閱第 IV 冊第 57 頁起的 27.2 節「光速」）。也就是說，在現有的實驗設備下，「光速恆定」是我們所觀測到的「自然現象」，它和「蘋果會往下掉」是一樣的自然。

所以同學如果要問「為什麼光速是恆定的？」，這個問題就像在問「為什麼蘋果會往下掉？」，是一樣的難以回答。不過在某個程度上，其實也沒有那麼難回答，我們可以很簡單的說，這是實驗的結果，或說是我們所觀測到的自然現象。

觀念引介

假設、實驗與理論

胡適先生曾說：「做學問要在不疑處有疑。」在牛頓之前，蘋果早就是往下掉落的，每個人都知道這個現象。可是，由於牛頓對這個現象的思考，提出了「萬有引力定律」這個理論，把看起來毫不相關的行星運動、潮汐現象，和蘋果下落等等，做出了統一而完整的解釋，人們還可以根據他的理論，推測出海王星和冥王星的存在。

同樣的，光從來沒有改變過它行進的速度（光速恆定），以前人們不知道光速是多少，更不知道

它是否是個常數，由於邁克生和毛立的實驗，人們「知道」了這個現象。

然後，許多科學家紛紛希望對此提出解釋，透過許多的假設、討論與實驗等等，最後大家公認愛因斯坦的解釋最好，而它的解釋就是重新定義我們對時間、空間的瞭解的「狹義相對論」。

透過愛因斯坦的理論，我們瞭解到原來質量是能量的一種形式（質能）。在核能電廠裡，每天都上演著「質能轉換」的現象；而「時間膨脹」現象，也在高速噴射機載著原子鐘，繞行地球飛行的實驗中得到驗證。唯有透過實驗的證實，理論才會被大家接受。

4. 可能！這「10 年」是指太空人在太空船上，所經歷（感覺）的時間，而光所行走的「1 萬年」，是我們在地球上的人所觀測的時間。根據狹義相對論，在高速運動的坐標系裡，會有「時間膨脹」的現象，所以，相對於地球上的人，太空船上的人經歷「較短」的時間是合理的。

定量來說，根據「時間膨脹」的公式：

$$t = \frac{t_0}{\sqrt{1 - (v^2/c^2)}}$$

$$\Rightarrow \ (10{,}000 \text{ yr}) = \frac{10 \text{ yr}}{\sqrt{1 - (v^2/c^2)}}$$

經簡單的移項運算，可得

$$v = 99.99995\% \ c$$

也就是說，太空人覺得有顆恆星以 0.9999995 c 的速率朝他接近，十年之後，這顆恆星與太空人相遇。不過，我們在地球上所看到的，卻是這個太空人以 0.9999995 c 的速率，花了一萬多年的時間，才飛抵那顆恆星。為什麼會是一萬多年，因為太空船的速率略

小於光速，所以在一萬年之後，光會先抵達該恆星，然後過了幾乎兩天的時間（0.005 年），太空人才抵達。

但是，就光本身來說，它可不覺得自己旅行了一萬年。對光子來說，從地球到那顆恆星，根本不需要任何時間。連用「瞬間」來形容，都嫌太長了呢！

5. 藉由接近光速的高速旅行，的確可以讓我們「跟別人比起來」顯得年輕些。借用第 II 冊第 166 頁 15.7 節「雙胞胎旅行」的例子，假設我們能以光速的一半旅行，當我們在太空船上老了 1 歲時，我們在地球上的朋友，則是老了 1.15 歲。

用數學式寫出來是：我們在太空船上看自己經過了 1 年（t_0），地球上的朋友則是經過了

$$t = \frac{t_0}{\sqrt{1-(v^2/c^2)}} = \frac{1 \text{ yr}}{\sqrt{1-0.5^2}} = 1.15 \text{ yr}$$

同學應該要知道，這是和別人相比，才會有的結果。對個人來說，每個人每天還是只有 24 小時，而且「老化」的速率也是一樣的；這就是狹義相對論的第一基本假設：在等速運動的坐標系，所有的自然律都是相同的。所以說，上帝還是很公平的！而且，相對論效應是「別人」的事；別人的年老或年輕，其實都跟你沒關係的。

6. 因為宇宙間訊息傳遞的速率就是光速，在空間相距很大的情形下，訊息無法「立刻」從甲地到乙地，這中間一定會有時間延遲，所以我們無法觀測到「實況」。以太陽為例，太陽光需要 8.2 分鐘才能從太陽傳播到地球，所以若太陽「現在」發生了某件事，地球上的我

們要 8.2 分鐘之後，才能知道；也就是說，我們永遠只能知道「8.2 分鐘前」的太陽。

7. 我們在下一章裡會仔細（定量）討論，想把一個物體加速到接近光速時，所需要的能量是無限大的，也就是無法達到的。此外，要防範物體高速運動所產生的輻射，也有實務上的困難。

8. 在太空船上測量自己的脈搏，所得的結果正常，跟在地球上時沒兩樣。不過，透過太空船的儀器，監測地球上友人的脈搏時，就會發現他們的脈搏變得比較慢，這就是狹義相對論所說的「時間膨脹」現象。

深入演練

這題的關鍵是「時間間隔」。假設我們做某件事需要一年的時間，那麼，當我們看另外一個以高速運動的人，在做相同的一件事時，則是需要 1.15 年，看起來，他就會像是以「慢動作」在做這件事。不過，吊詭的是，他也覺得我們是以慢動作在運動。這就是「雙胞胎旅行的問題」或「雙生子吊詭」。第 II 冊課文第 165 頁的 Question 第 2 題是個類似題。

只要兩個人永遠不見面，都不會有事，因為彼此都覺得對方的時間比較長；但是只要兩個人見面了之後，就像第 II 冊課文第 168 頁用閃光的方式計算，有經歷過「往返」的那個人，會比較年輕，因為他經歷過兩個慣性坐標系。而且，老化與否，與脈搏跳得快慢無關，這只是「時間間隔」的問題。不過，想想「脈搏跳得慢的人，反而老得快」，的確有違常理，但這就是相對論。

《西遊記》裡說「天上一日，人間一年」，這句俗話說明了，爲什麼成仙成佛之後，可以「長生不老」，以及爲什麼天上的仙佛，不喜歡再度「墮入人間」：因爲墮入人間之後，就會比原本的仙佛朋友老得快。

9. 有可能。只要父母乘坐高速太空船，出去旅行一段時間即可。定量計算可參考「實戰演練」第 2 題。

沙盤推演

1. 由於本章的討論，並未涉及相對速率的相對論效應，所以這道題目只是要驗證一下公式而已。如圖 48 ，我們看得出來， $v_1 = 0.5c$ ， $v_2 = 0.5c$ ，二者方向相同。

$v_1 = v_{太空船} = 0.5\ c$

$v_2 = v_{火箭-太空船} = 0.5\ c$

◀圖 48
你並不會看到一枚以光速飛奔的火箭

火箭與你的相對速率是：

$$V = \frac{v_1 + v_2}{1 + \dfrac{v_1 v_2}{c^2}} = \frac{0.5c + 0.5c}{1 + \dfrac{0.5c \times 0.5c}{c^2}} = \frac{1c}{1 + 0.25} = 0.8c$$

2. 這一題是希望再次驗證相對論性的速度加法。$v_1 = c$，$v_2 = c$：

$$V = \frac{v_1 + v_2}{1 + \dfrac{v_1 v_2}{c^2}} = \frac{c + c}{1 + \dfrac{c \times c}{c^2}} = \frac{2c}{1 + 1} = c$$

這也再次告訴我們，光速是個極速。

3. 在高速公路上，時速 100 公里的車速，可以換算成 27.8 公尺／秒。我們以近似值 30 公尺／秒來做計算：

$$V = \frac{v_1 + v_2}{1 + \dfrac{v_1 v_2}{c^2}} = \frac{(30 \text{ m/s}) + (30 \text{ m/s})}{1 + \dfrac{(30 \text{ m/s}) \times (30 \text{ m/s})}{(3 \times 10^8 \text{ m/s})^2}} = \frac{60 \text{ m/s}}{1 + 10^{-14}} = 60 \text{ m/s}$$

同學若有計算機在手邊，不妨真的去按一下，看看 $1 + 10^{-14}$ 是不是真的等於 1 ？這個結果與我們預期的一樣，也就是在日常生活中，相對速率 V 等於 $v_1 + v_2$。

實戰演練

1. 阿派在地球上，他所經歷的時間，就是看著阿湯以 $0.8c$ 的速率，往返於相距 4 光年的恆星與地球：

$$t = \frac{距離}{速率} = \frac{2 \times 4 \text{ yr} \times c}{0.8c} = 10 \text{ yr}$$

所以，阿派在地球上度過了 10 年的光陰。這也是阿湯在太空船上，對地球上的阿派所做的測量。然而，他感覺自己經歷的時間為 t_0，二者關係為：

$$t = 10 \text{ yr} = \frac{t_0}{\sqrt{1-[(0.8c)^2/c^2]}} = \frac{t_0}{\sqrt{1-0.8^2}} = \frac{t_0}{0.6}$$

$$\Rightarrow \quad t_0 = 0.6 \times 10 \text{ yr} = 6 \text{ yr}$$

阿湯覺得自己在太空船裡，飛行了 6 年（這是(b)小題的答案）。因此，回到地球以後，阿派比阿湯老了 4 歲（這是(a)小題的答案）。

(c) 雖然在過程中，阿湯與阿派都覺得對方經歷了 10 年的時間，但是由於阿派一直處在同一個坐標系統（地球）裡，所以他是年紀比較大的那位。而阿湯所經歷的是另外兩個完全不同的時空坐標系。

2. 小王在太空船上旅行了 5 年（t_0），在地球上的女兒則是經歷了

$$t = \frac{t_0}{\sqrt{1-(v^2/c^2)}} = \frac{5 \text{ yr}}{\sqrt{1-0.99^2}} = 35.4 \text{ yr}$$

所以，等老王回到地球時，他自己是 35（30 + 5）歲，女兒則是 41.4（6 + 35.4）歲。

第16章

狹義相對論

——長度、動量與能量

想清楚，說明白

1. 假設地球上的觀測者量出的長度為 L，的確會比你在太空船上量出的 L_0 來得短。若你想驗證他們的觀測結果，必須把太空船的飛行速率 v 也考慮進去，從狹義相對論的「長度收縮」效應來驗證：

$$L = L_0 \sqrt{1 - v^2 / c^2}$$

如果同學只是單純的比對出 L 不等於 L_0，這表示你的物理知識尚有不足。

2. 對光子而言，兩地的距離為零。記得在第 15 章裡討論過，以光速飛行的物體（如光子），不論到哪裡去，都不需要時間。由於距離等於速率乘以時間，在此，速率是光速（常數），乘以零（時間）之後，所得的距離自然為零。

或是從「長度收縮」的公式來看，當 $v = c$ 時：

$$L = L_0 \sqrt{1 - v^2/c^2} = (24,000 \text{ 光年}) \times \sqrt{1 - c^2/c^2} = 0$$

3. 當物體以接近光速運動時，傳統的動量定義 mv 需要作相對論性修正：

$$p = \frac{mv}{\sqrt{1 - v^2/c^2}}$$

不過「衝量等於動量變化」這個觀念，在相對論裡，還是正確無誤的。從新的相對論性動量定義可知，當物體的運動速率等於光速時，它的動量等於無限大，也就是我們需要提供無限大的衝量；若物體的運動速率大於光速，則根號裡的數值為負值，動量成了「虛數」，表示根本不存在於自然界。總之，不論是要提供無限大的衝量，或是產生虛數的動量，都是不可能的事。

4. 這就是相對論性「長度收縮」的實驗證據之一：運動中的物體，因為空間本身收縮的緣故，使得沿著運動方向的物體長度，發生收縮現象。

定量來看，從地球上相對於加速器靜止的人，測量加速器的長度為 L_0（＝ 2 英里），運動中的電子測量加速器的長度為 L（＝ 1 公

尺），已知 1 英里＝ 1.609 公里，所以，根據

$$L = L_0 \sqrt{1 - v^2/c^2}$$

$$\Rightarrow \quad (1 \text{ m}) = (2 \times 1,609 \text{ m})\sqrt{1 - v^2/c^2}$$

$$\Rightarrow \quad (1 \text{ m})^2 \cdot c^2 = (2 \times 1,609 \text{ m})^2 \cdot (c^2 - v^2)$$

$$\Rightarrow \quad v = \sqrt{\frac{(2 \times 1,609 \text{ m})^2 - 1}{(2 \times 1,609 \text{ m})^2}} \cdot c = 0.999999952c$$

從長度收縮的程度，我們可以知道史丹福大學加速器裡的電子，飛行速率是 99.9999952% 的光速。

5. (a) 因為你與電子的相對速度為零，所以你看到的電子動量為零，不論是從相對論性動量來看，

$$p = \frac{mv}{\sqrt{1 - v^2/c^2}} = \frac{m \times 0}{\sqrt{1 - 0}} = 0$$

或是從牛頓力學來看，

$$p = mv = m \times 0 = 0$$

至於動能方面，不論是相對性動能

$$KE = \frac{mc^2}{\sqrt{1 - v^2/c^2}} - mc^2 = \frac{mc^2}{\sqrt{1 - 0^2/c^2}} - mc^2$$
$$= mc^2 - mc^2 = 0$$

或是古典的動能

$$KE = 1/2mv^2 = 0$$

二者皆為零。不過，在總能量方面，相對論讓我們知道，質量也是能量的一種形式，也就是說，相對靜止的電子，具有靜質量：

$$E_0 = mc^2 = (9.11 \times 10^{-11} \text{ kg})(3 \times 10^8 \text{ m/s})^2$$
$$= 8.2 \times 10^6 \text{ J}$$

這在古典的牛頓力學裡，是看不出來的。

(b) 從你的坐標來看，這個加速器只有 1 公尺長，這個目標以非常快的速率，也就是 99.9999952% 的光速，朝你接近。

6. 你所付的電費帳單，已經包括所有的能量了，所以不會有任何影響。這個額外的等效質量（0.03m），就是電子的動能（相對論性動能）：

$$KE = \frac{mc^2}{\sqrt{1 - v^2/c^2}} - mc^2 = \frac{mc^2}{\sqrt{1 - (0.25c)^2/c^2}} - mc^2$$
$$= 1.03mc^2 - mc^2 = 0.03mc^2$$

電視的映像管需要提供電子這個能量，它才能以 0.25c 的速率打到

電視螢幕上。我們先前討論的能量守恆定律，在此還是成立的。所以，我們所支付的電能，透過映像管，提供給電子這個動能；能量只會轉換形式，不會憑空消失或出現。

知道家裡的電視機就有相對論效應，應該讓我們覺得相對論變得比較親切些吧？

7. 從動量 $p = \dfrac{mv}{\sqrt{1 - v^2/c^2}}$ 與動能 $KE = \dfrac{mc^2}{\sqrt{1 - v^2/c^2}} - mc^2$ 的公式看起

來，當物體運動的速率等於光速 c 時，動量與動能都是無限大；也就是它們沒有上限。

8. 不同意。質量是能量的一種形式，這不是只發生在高速運動，或能量很高的情形下而已，只不過在高速或高能的情況，這個現象比較明顯罷了。

從質量與能量的等效性來看，任何靜止的物體在能量發生變化時，都會伴隨有質量的改變。即使是燈泡的燈絲，在通電發光時，也都比關掉不發光時，具有更多的質量，只不過，這個質量變化非常微小，我們可以忽略不計。然而，在規劃或處理火力發電廠的問題，尤其是大型的發電廠時，便要注意到「質能等效」的相對論效應。

9. 我想這份警告會引起消費者的注意。不過，比較明智的消費者，會進一步思考，使用這個產品的過程，是否會讓這個產品的質量轉換成能量？

10.當宇宙間的粒子，運動速率達到光速時，它的動量會變成無限大，

動能（與總能量）也會變得無限大，長度卻會減為零，這三個現象都告訴我們，具有質量的實體粒子，運動速率無法達到光速。

實戰演練

1. 從小華的坐標系來看，這個恆星以 $0.8c$ 的速率朝小華接近。這 4 光年的距離是我們從地球上測量出來的，因為地球與遠處恆星是相對靜止，所以 $L_0 = 4$ 光年：

$$L = L_0\sqrt{1 - v^2/c^2}$$
$$= 4光年 \times \sqrt{1 - (0.8c)^2/c^2}$$
$$= 4光年 \times 0.6$$
$$= 2.4光年$$

2. (a) 從電子的坐標系來看加速器，加速器以 $0.95c$ 在運動，所以會有長度收縮現象：

$$L = L_0\sqrt{1 - v^2/c^2}$$
$$= 1\,km \times \sqrt{1 - (0.95c)^2/c^2}$$
$$= 1\,km \times \sqrt{1 - 0.95^2}$$
$$= 0.31\,km$$

(b) 人看電子所經歷的時間是（膨脹的時間）：

$$t = \frac{距離}{速率} = \frac{1{,}000\,m}{0.95 \times 3 \times 10^8\,m/s} = 3.51 \times 10^{-6}\,s$$

電子看自己的時間是 t_0：

$$t = \frac{t_0}{\sqrt{1 - (v^2 / c^2)}}$$

$$\Rightarrow (3.51 \times 10^{-6} \text{ s}) = \frac{t_0}{\sqrt{1 - (0.95c)^2 / c^2}}$$

$$\Rightarrow t_0 = (3.51 \times 10^{-6} \text{ s}) \times \sqrt{1 - 0.95^2} = 1.09 \times 10^{-6} \text{ s}$$

深入演練

雖然我們已經回答了所有的問題，不過，這兩個答案倒是可以提供我們進一步思考：在電子的坐標裡，它看到加速器裡的目標與自己相距 0.31 公里，經過 10^{-6} 秒以後，這個目標飛到它面前，所以稍作計算，電子可以得出，這個目標物飛向電子的速率是

$$v = \frac{\text{距離}}{\text{時間}} = \frac{0.31 \times 10^3 \text{ m}}{1.09 \times 10^{-6} \text{ s}} = 2.84 \times 10^8 \text{ m/s}$$

$$= (2.84 \times 10^8 \text{ m/s}) \cdot (\frac{c}{3 \times 10^8 \text{ m/s}}) = 0.95c$$

這正是電子與加速器之間的相對速率！電子看加速器以 $0.95c$ 的速率在運動，而加速器看電子也是以 $0.95c$ 的速率在運動。

同學是否可以看得出來，「時間膨脹」與「長度收縮」這兩個現象，彼此之間完全沒有矛盾？

3. 質量 0.003 公斤硬幣的靜能，提供給功率 100 瓦的燈泡使用，使用
　時間 t :

$$E_0 = mc^2 = P \cdot t$$
$$\Rightarrow (0.003 \text{ kg}) (3 \times 10^8 \text{ m/s})^2 = (100 \text{ J/s}) \cdot t$$
$$\Rightarrow t = 2.7 \times 10^{12} \text{ s}$$

約 8 萬 5 千年！

觀念物理 III

Conceptual Physics - The High School Program

物質三態・熱學

第二部

物質的性質

第 17 章

物質的原子本質

想清楚，說明白

1. 元素是指由單一種類的原子所組成的物質，所以 H_2 、 He 、 Na 、 Au 、 U 等是元素。

2. 一樣大。可參考第III冊第 6 頁第 17.2 節的說明。

3. 從刮鬍水揮發出來的香水分子，由於熱擾動，在空氣中隨機向各方突竄蔓延（擴散），碰巧抵達你的鼻子附近，被你吸入。

4. 由於原子都是電中性的，所以質子的數目，也就顯示出原子所具有的電子數目。我們只要知道質子數（原子序），透過「原子殼層模型」，就可以知道原子核外的電子是如何排列的，也就能推理出原

子在化學變化中的特性，例如活性、電子親合力等。

5. 主因是電子雲的韌性非常大，這個強大的韌性讓原子具有不可壓縮性。只有最外層的電子雲，可能會與其它原子的電子雲產生交互作用，結果就是我們所說的鍵結。即使有鍵結形成，也只是發生在原子的最外圍而已。

6. 注意喔，這裡是原子核發生變化，而不僅是核外的電子而已，所以，碳元素會變為氮（N）；嚴格來說是氮的離子（N^+），因為題目只加了質子，而沒有添加電子。
   補充一下，如果外加的是中子，那麼形成的是碳的「同位素」。因為週期表是依照原子序排列的，僅僅外加中子，並不會改變它們在週期表中的位置，所以稱為同位素。

7. 核變化之後，少了兩個質子和兩個中子的鈾（U）元素，把原子序減 2，會變成釷（Th）元素。

8. 加一個質子到鍺（Ge）的原子核之後，就成了有毒的砷（As），俗稱砒霜。

9. 因為呼出一口氣所含的原子，大約只要六年，就會均勻的混入全球的大氣中，所以在你吸入的下一口氣裡，包含至少一個原子來自你出生後呼出的第一口氣，是非常可能的。

10.熱量與分子振動的動能關係非常密切,而物質的相與其組成原子
　　(或分子)相互之間的距離有關,當加入物質的熱量較多時,原子
　　(分子)的平均動能高,相互間的距離較遠,所以容易由固體變為
　　液體,再變為氣體。當溫度更高時,電子甚至可能離開所屬的原
　　子,而形成電漿。關於熱量與相變的進一步討論,請參考第III冊的
　　第 23 章。

固　體

想清楚，說明白

1. 由密度的定義：

$$密度 = \frac{質量}{體積}$$

可知當物體的質量（或重量）相等時，密度與體積成反比。（注意喔，「體積」是在分母；分母愈大時，整個分數的值愈小，也就是密度愈小。）

又由第III冊第 31 頁的表 18.1 得知，鋁的密度（2.7 g/cm³）小於鉛（11.3 g/cm³），所以鋁有較大的體積。

2. 仔細看題目喔，題目已經說一樣重了！

3. 在彈性限度內,彈簧的伸長量與所施的外力成正比(虎克定律):

$$x_1 : x_2 = F_1 : F_2$$
$$1\ cm : x_2 = 1\ kgw : 8\ kgw$$
$$\Rightarrow x_2 = 8\ cm$$

雖然寫 kg 或寫 kgw 對答案的正確性沒有影響,但是寫出正確的單位,可以表示同學有清楚的觀念:重量才能讓彈簧伸長,而質量未必可以。重量的單位有生活中常用的公斤重(kgw),或物理學常用的牛頓(N)。公斤(kg)則是質量的單位。

4. 如圖 49 所示,當外加另一條彈簧,讓兩條彈簧並聯時,從「合力」的觀點,我們可以看得出來,每條彈簧所受的拉力減半,只有 4 公斤重,所以只會伸長 4 公分。

▲ 圖 49

5. I 字型的設計可以節省很多材料,減少大樑本身的重量。

6. 上層受張力,下層受壓縮力:請參考第III冊第 37 頁的圖 18.6 。
   上層受壓縮力,下層受張力:請參考第III冊第 37 頁的圖 18.7 。

7. 從密度的定義我們知道,對同一種物質而言,它的密度是固定的,所以,當體積愈大時,物體的質量(重量)也就愈大。而體積與長度的立方成正比。
   (a) 由於模型鐵橋與實物鐵橋的長度比是 1 : 100 ,所以體積比是 1 : 100^3 ,重量比也會是 1 : 100^3 ,

$$W_{模型} : W_{實物} = 1 : 10^6 = 50\ \text{N} : W_{實物}$$
$$\Rightarrow W_{實物} = 5 \times 10^7\ \text{N}$$

(b) 我們無法作此斷言。請參考第III冊第 40 頁起的 18.5 節，關於「定標」的討論：鋼鐵的支撐力與它的截面積有關，當我們依模型等比例放大時，鐵橋的重量增大了 1 百萬倍，如(a)題的計算，然而鐵橋的支撐力卻只有增大 1 萬倍（100^2）而已，因此這是設計上不可忽略的因素。

8.「定標」的觀念：同樣體積的麵粉，做成一整個蛋糕時的表面積，會比做成許多小糕點時來得小，因此，烤蛋糕的時間通常比較長。所以，若是用這個時間來烤小糕點，烤焦這些小糕點，大概是唯一的結果了。

9. 從「定標」的觀念，我們可以知道，對同樣的體重來說，高瘦身材的身體表面積，比矮壯身材來得大。非洲炎熱地區的土著有散熱的需求，而北極地區的土著則需要保暖。

10.對小動物而言，每單位體積所分配到的表面積較大，所以從體表散失熱量的速率，會高於體型較大的動物。

第 19 章

液 體

想清楚，說明白

1. 愈靠近糧倉底部，箍帶愈密集，因為糧草所產生的壓力愈大。

2. 由於我們要計算的是推力大小，所以在計算壓力★時，液體密度應
   選擇重量密度。雖然以「公斤重」為單位，並無不可，不過，選擇
   SI 標準的「牛頓」為單位，卻是個好習慣。
   已知海水的重力密度是 10^4 牛頓／公尺^3，在水面下 1 公尺處的總
   壓力為：

$$P = P_{大氣} + hd = 101.3 \times 10^3 \, \text{N/m}^2 + 1 \, \text{m} \times 10^4 \, \text{N/m}^3$$
$$= 1.11 \times 10^5 \, \text{N/m}^2$$

所以小男孩需要施力：

$$F = PA = (1.11 \times 10^5 \text{ N/m}^2)(1 \text{ cm}^2 \cdot \frac{1 \text{ m}^2}{10,000 \text{ cm}^2})$$
$$= 11.1 \text{ N}$$

如果你還記得 1 公斤重 9.8 牛頓的話，11.1 牛頓的力其實不太大，而且從計算過程中，相信你也看出來了，小男孩所施的作用力，大部分是用在大氣的壓力上，海水只有很少的一部分。這也再次印證水壓只跟水深有關，而與水的總體積無關，即使是整個大西洋也一樣！

3. 物體的沉浮，看的是浮力與重力哪一個較大。對於同樣是不會溶解於水的實心固體來說，密度大於水的物體會下沉，小於水的物體則會上浮。

   若是改變物體形狀，例如把鐵塊做成鐵碗，如第III冊第 69 頁的圖 19.14，那就是另一個故事了。我們得用阿基米德原理來解釋，看看鐵碗排開多少水，這些水有多重，再與鐵碗本身的重量相比。

4. 由於鋁的密度比鐵小，所以體積較大，沉入水中之後，鋁塊會排開較多的水，因而受到較大的浮力。

5. 雖然泡沫膠密度不大，但如果是整艘船都裝滿了泡沫膠，與空船相比，總重量還是比較大，所以吃水會較深。

6. 石頭比我們的身體硬很多，在水底下體積不會改變，所以密度不會

*壓 力

很多人在計算「壓力」的時候，常常搞錯壓力的單位，把它當成「作用力」來計算。

從定義出發：作用力的單位是牛頓，壓力的單位是牛頓／平方公尺，因此，壓力並不是作用力，壓力只是一個約定俗成的說法，其實它應該叫「壓力強度」或是「壓強」。

變化。但是我們的身體就柔軟多了，水壓會讓我們的身體體積稍稍減小，因而讓密度增加。

7. 餿主意！隊員跳進貯水箱之後，若是水沒有溢滿出來，那麼消防車的總重量並不會減少。若是水會溢出來，那麼帶得水少了，救火的效果也會變差。

8. 如圖 50 所示，把剛滅頂的氣球再往下壓，水壓會讓氣球的體積減少，也就是會減少氣球所受的浮力，因此這個掛著重物的氣球，會一路沉到水底。

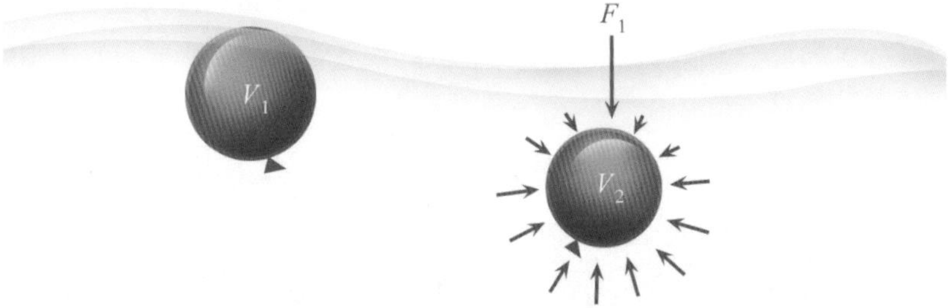

▶ 圖 50
把剛滅頂的氣球再往下壓，
氣球的體積會減小。

9. 浮力不會比較大。對浮體（你）來說，所受到的浮力大小，就是物體的重量。由於你的體重固定，所以受到的浮力也不會改變。
換句話說，由於死海的海水密度較大，所以你只需要排開較少的海水，就可以提供相同大小的浮力。

10.(a) 會。所增加的重量，就是這尾活魚的重量。
(b) 秤上的讀數不會增加。因為魚的密度與水相等，所以魚所排開

的水重，等於魚本身的重量，因此彈簧秤的讀數不會增加。當然，我們簡化了許多實際狀況，例如這條魚不會亂動，讓水灑很多出來等等。

同學還可以問問自己，假設放進水桶裡的是一塊石頭，狀況會如何？請參考「實戰演練」第 2 題。

沙盤推演

1. 胡佛水壩底部的水壓為

$$P = hd = (220 \text{ m})(9{,}800 \text{ N/m}^3)$$
$$= 2.16 \times 10^6 \text{ N/m}^2$$
$$= 2.16 \times 10^3 \text{ kPa}$$

2. 30 公尺高的水管產生的水壓為

$$P = hd = (30 \text{ m})(9{,}800 \text{ N/m}^3)$$
$$= 2.94 \times 10^5 \text{ N/m}^2$$
$$= 294 \text{ kPa}$$

3. 金屬體積就是它所取代的水的體積；又 1 公升 $= 10^{-3}$ 立方公尺。所以金屬的密度是

$$D = \frac{M}{V} = \frac{8.6 \text{ kg}}{10^{-3} \text{ m}^3} = 8.6 \times 10^3 \text{ kg/m}^3$$

4. 同第 3 題，

$$D = \frac{M}{V} = \frac{4.7 \text{ kg}}{0.6 \times 10^{-3} \text{ m}^3} = 7.8 \times 10^3 \text{ kg/m}^3$$

實戰演練

1. 大象體重雖然較重，不過由於四隻腳的底面積總和相當大，因此對地面所造成的壓力，可能小於體重較輕、卻穿著高跟鞋的小姐所造成的壓力。

2. 我們知道：視重 ＝ 物重－浮力，所以
   (a) 浮力 ＝ 物重－視重 ＝ 9.8 N － 7.8 N ＝ 2 N 。
   (b) 因為浮力 ＝ 排開液體的重量，所以 b 圖的情形，就像是我們在容器內多加了 2 牛頓的水一樣，因此磅秤的讀數是：

$$9.8 \text{ N} + 2.0 \text{ N} = 11.8 \text{ N}$$

   (c) 我們可以把 c 圖的情形，簡單想成一杯 9.8 牛頓的水，再加上一塊 9.8 牛頓的石頭，所以磅秤的讀數是

$$9.8 \text{ N} + 9.8 \text{ N} = 19.6 \text{ N}$$

或是換個思考的角度，從 b 圖出發：由於浮力的關係，你手中的彈簧秤施了 7.8 牛頓的力，拉著水中的石頭，意思是地球也以 7.8 牛頓的力拉著它。當你把彈簧秤移開後，這 7.8 牛頓的力便作用到下方的磅秤上，於是，原本就受有 11.8 牛頓重量的磅秤，還得再加上這 7.8 牛頓的重量，所以讀數是

$$11.8 \text{ N} + 9.8 \text{ N} = 19.6 \text{ N}$$

3. 此人所受到的浮力（B），等於他的體重 100 公斤重，也就是此人所排開的水的重量（$W_{水}$）。由於他是勉強浮在水面上，意思就是整個身體仍然幾乎完全在水中，我們可以說，他的體積（$V_{人}$）等於所排開的水的體積（$V_{水}$）。

$$B = (100 \text{ kg})(9.8 \text{ m/s}^2) = W_{水} = D_{水} \cdot V_{水} = D_{水} \cdot V_{人}$$
$$\Rightarrow (980 \text{ kg} \cdot \text{m/s}^2) = (9{,}800 \text{ N/m}^3) \cdot V_{人}$$
$$\Rightarrow V_{人} = 0.1 \text{ m}^3$$

4. 這多出來 2 公尺深的吃水量，就是石頭的重量，所以，

$$W_{水} = D_{水} \cdot V_{水}$$
$$= (9{,}800 \text{ N/m}^3) \cdot (10 \times 4 \times 2 \text{ m}^3)$$
$$= 7.84 \times 10^5 \text{ N}$$

5. 「比重」是指用相同的體積，來跟水比重量，因此，比重是沒有單位的。若要計算密度，只要把這個比值乘上水的密度即可。

(a) 因為橡木的比重小於 1，也就是密度比水小，所以會浮在水上。對浮體來說，所受到的浮力，等於它自己的重量，也等於它所排開的液體重。所以，

$$B = W_{橡木} = D_{水} \cdot V_{排開水}$$
$$\Rightarrow (50 \text{ kg})(9.8 \text{ m/s}^2) = (9,800 \text{ N/m}^3) \cdot V_{排開水}$$
$$\Rightarrow V_{排開水} = 0.05 \text{ m}^3$$

(b) 從上一小題我們知道，橡木在水底下的體積是 0.05 立方公尺，而橡木本身的體積是

$$V = \frac{M}{D} = \frac{50 \text{ kg}}{0.8 \times 1,000 \text{ kg/m}^3} = 0.0625 \text{ m}^3$$

所以，它還有 0.0625 − 0.05 = 0.0125 立方公尺露在水面上，也就是說，我們需要再多排開 0.0125 立方公尺的水，才能使它完全沒入水中；我們所需要再施的力，就是這些水的重量：

$$F = D_{水} \cdot V_{水} = (9,800 \text{ N/m}^3) \cdot (0.0125 \text{ m}^3)$$
$$= 122.5 \text{ N}$$

6. (a) 由巴斯卡原理，我們知道，在整個水壓裝置裡，水的壓力會保持定值：

$$\frac{F_{輸入}}{A_{輸入}} = \frac{F_{輸出}}{A_{輸出}}$$

$$\Rightarrow F_{輸出} : F_{輸入} = A_{輸出} : A_{輸入} = 10 : 1$$

即輸出力與輸入力的比例，等於活塞截面積的比例（10 比 1）。

(b) 如圖 51 所示，輸入端的液體，會完全轉移到輸出端，由於液體
體積等於截面積（A）乘上活塞移動的距離（d），所以，

$$A_{輸入} \cdot d_{輸入} = A_{輸出} \cdot d_{輸出}$$

$$\Rightarrow A_{輸入} : A_{輸出} = d_{輸出} : d_{輸入} = 1 : 10$$

也就是，活塞移動距離與截面積成反比。

◀圖 51
液體的體積等於活塞截面積（A）
乘以移動距離（d）

從(a)小題，我們得知輸出力的大小與截面積成正比，因此，作用力
與活塞移動距離成反比：

$$F_{輸入} : F_{輸出} = d_{輸出} : d_{輸入}$$

$$\Rightarrow F_{輸入} \cdot d_{輸入} = F_{輸出} \cdot d_{輸出}$$

從功的定義來看，等號左邊就是我們輸入的功，等號右邊是裝置輸
出的功，二者相等，滿足能量守恆定律。

第 20 章

氣 體

想清楚，說明白

1. 裝有氦氣的瓶子比較重。雖然氦氣比一般的空氣輕，然而它還是有重量的（密度 0.178 公斤／公尺 ^{3}），所以會比眞空的瓶子來得重。

2. 在礦坑深處，因爲氣壓較大，所以用吸管喝水會容易一些。反之，在高山時，因爲氣壓較低，會困難一些。

3. 因爲密度是水銀的兩倍，在相同氣壓時，高度只有水銀柱的一半。

4. 氣泡在上浮的過程中，因水壓減小，體積會逐漸增大。

5. 浮潛的人利用呼吸管呼吸的原理，與用吸管喝水的道理差不多，都

是減少口中或肺部的氣壓，然後利用大氣壓力把水或空氣吸進來。
根據波以耳定律，若我們胸腔膨脹，可以減少胸腔內的氣壓，當外
界的氣壓較大時，空氣便會流入胸腔裡，這是我們「吸氣」的方
法。但是我們盡力讓胸腔膨脹，最多只能減少約 0.1 大氣壓的壓
力，也就是大約 1 公尺的水柱高度（1 大氣壓約等於 10 公尺高的水
柱高度）。

當人潛到水底下 1 公尺時，由於水壓的緣故，胸腔內的氣壓增為約
1.1 大氣壓，因此，擴大胸腔所能減少的壓力，剛好被增加的水壓
抵消。也就是說，此時胸腔內的氣壓，與水面上的氣壓相等，都是
1 大氣壓，所以水面上的空氣無法流入胸腔中。

6. 氫氣。因為氫氣的密度（0.09 公斤／公尺^3）小於氦氣（0.178 公斤
／公尺^3）。對相同體積的氣球來說，氫氣球比氦氣球來得更輕，更
容易在空氣中浮起來。

7. 氣球在下沉的過程中，體積會逐漸減少。根據波以耳定律，壓力與
體積成反比。在水面下 10.3 公尺的地方，由水和大氣所組成的總壓
力，等於在水面上壓力的兩倍，因此氣球的體積只剩下一半。

8. 物體之所以會沉或會浮，要看作用在它身上的浮力與物重的合力。
雖然作用在大象身上的浮力比作用在小氣球的浮力要大很多，然
而，作用在大象身上的重力也比作用在氣球上的大得多。重點是，
作用在大象身上的重力比浮力大得非常多，而作用在氦氣球上的浮
力大於作用在氦氣球上的重力。

9. 假設你的質量是 100 公斤,從第 19 章「實戰演練」第 3 題,我們知道:你的體積大約是 0.1 立方公尺。

大氣所提供的浮力,等於你所排開的空氣重量(室溫 20 ℃):

$$B = D_{大氣} \cdot V = (1.21 \text{ kg/m}^3)(9.8 \text{ m/s}^2)(0.1 \text{ m}^3) = 1.2 \text{ N}$$

大約是一個蘋果的重量。

10. 我們可利用白努利原理來說明這個現象。如圖 52 所示,當兩輛汽車並行奔馳時,它們之間的空氣流速比兩側的快,車在兩側所受到壓力差,會像吸引力把兩車「拉攏」在一起。

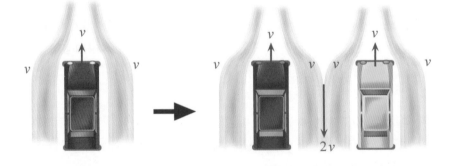

▲圖 52
當兩車高速並駛時,中間的空氣流速是兩側空氣流速的兩倍。

11. 在刮風天,煙囪附近的空氣流速快,室內的空氣流速慢,從白努利原理我們知道,屋外所刮的風會促進壁爐裡的空氣對流,而讓火燒得比較旺盛。

12.從白努利原理可知,我們應讓風吹向海灘球的上方。如圖 53 所示。

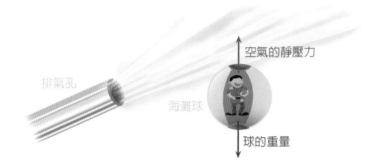

空氣的靜壓力

排氣孔

海灘球

球的重量

◀圖 53
白努利原理：流動的氣體,壓力較小

13. 流速快的地方,管子較細;因爲壓力較小,無法撐起水管,使其膨脹。若裡面的水沒有流動,則水管的半徑會保持固定,粗細均勻。

14.這兩位物理迷,分別利用白努利原理和牛頓第三運動定律,來解釋鳥兒在天空飛的現象。不過,他們都犯了「倒果爲因」的毛病。其實,鳥兒早就會飛了,只是在牛頓或白努利之前,人們對這個現在的理解很有限罷了。

沙盤推演

1. 這是個簡單的數學問題：

$$P\% = \frac{30 \text{ km}}{6400 \text{ km}} \times 100\% = 0.47\%$$

目的是希望你有個感覺，相對於地球來說，大氣層有多麼薄。

2. 在大氣密度是個定值的情況下，我們可以套用液體的壓力公式：

$$P = \rho\, gh$$
$$\Rightarrow\ 100,000\ \text{N/m}^2 = (1.2\ \text{kg/m}^3)\,(9.8\ \text{m/s}^2) \cdot\ h$$
$$\Rightarrow\ h = 8503.4\ \text{m}$$

約 8.5 公里高。

3. 假設教室的長寬高分別是 12 公尺、8 公尺、3 公尺，在室溫 20 ℃ 為例，空氣重量為：

$$W = mg = DV \cdot g$$
$$= (1.21\ \text{kg/m}^3)\,(12 \times 8 \times 3\ \text{m}^3)\,(9.8\ \text{m/s}^2) = 3{,}415\ \text{N}$$

約 350 公斤重！

三、實戰演練

1. 當氫氣球能載起重物浮在空中時，它所受到的總合力為零，也就是：

$$\text{浮力} = \text{物重} + \text{氫氣重}$$

$$D_{空氣} \cdot V_{氣球} = W + D_{氫氣} \cdot V_{氣球}$$

$$\Rightarrow (1.3 \text{ kg/m}^3)(9.8 \text{ m/s}^2) \cdot V_{氣球}$$
$$= (300 \text{ kg})(9.8 \text{ m/s}^2) + (0.09 \text{ kg/m}^3)(9.8 \text{ m/s}^2) \cdot V_{氣球}$$
$$\Rightarrow V_{氣球} = 248 \text{ m}^3$$

2. 由於相變不會影響空氣的質量，所以，

$$M_{液態} = M_{氣態}$$
$$\Rightarrow D_{液態} \cdot V_{液態} = D_{氣態} \cdot V_{氣態}$$
$$\Rightarrow 900 \text{ kg/m}^3 \cdot 1 \text{ m}^3 = 1.29 \text{ kg/m}^3 \cdot V_{氣態}$$
$$\Rightarrow V_{氣態} = 697.7 \text{ m}^3$$

3. 依題意，

$$F = 5\% \cdot P_{大氣} \cdot A_{機翼}$$
$$= (5\%)(1.013 \times 10^5 \text{ N/m}^2)(100 \text{ m}^2)$$
$$= 5.065 \times 10^5 \text{ N}$$

第三部

熱

第 21 章

溫度、熱和膨脹

想清楚，說明白

1. 原理不會有任何改變：石頭所放出的熱量，還是等於湖水所吸收的熱量。不過，由於湖水的質量非常大，所以水溫的變化微乎其微，無法測量出來。

2. 由於鋼尺受熱膨脹，原本 1 公尺長的土地，在鋼尺上的讀數可能只剩下 0.99 公尺或更小，因此，你依鋼尺標示所量出來的土地面積，會比真實的面積來得小一些。

3. 球仍然可以穿過加過熱的金屬環。受熱膨脹是原物依等比例放大，所以環洞的面積也會因受熱膨脹而變大。

   如右頁的圖 54，同學可以設想兩個半徑相同的鐵盤，一個是實心

的，一個是空心的（即鐵環），當兩鐵盤受熱膨脹時，膨脹的程度相當，就空心的鐵環來說，就像是膨脹後的實心鐵盤把中心部分挖空一樣，所以空心的面積也會增大。

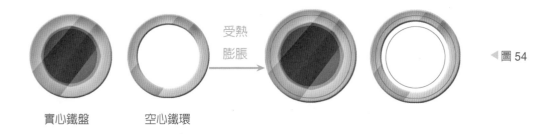

實心鐵盤　　　空心鐵環

受熱
膨脹

◀圖 54

4. 參考第 21.8 節（第Ⅲ冊第 130 頁）的計算範例，當溫度減少 1 ℃時，這條 4 千萬公尺長的鋼管環，長度會減少 400 公尺，也就是圓周長減短了 400 公尺，換算成直徑變化則是減短 127.4 公尺，因此，會陷入地面 64 公尺。

5. 黃銅的膨脹率較鐵大。刻意把鐵環加溫，黃銅降溫，是為了增加鐵環的內徑，與減少銅柱的半徑，熱平衡之後，鐵環收縮，銅柱膨脹，兩者半徑相等，因而可以把鐵環「鎖死」在銅柱上。即使再加熱，由於黃銅的膨脹率較大，還是無法把鐵環取下來。
   若想取下鐵環，道理相同，需要降溫才行，因為黃銅收縮的程度大於鐵環。

6. 這主要和物質的比熱有關。麵餅的比熱小，容易與嘴裡的溫度達到熱平衡，傳到嘴裡的熱量較少，所以不覺得燙嘴。此外，物質的熱

傳導性也有關係，麵餅的傳導性較差，所以在相同的時間裡，比起醬汁，傳到嘴裡的熱量也較少，詳情請參閱第III冊第 143 頁起的第 22.1 節。

7. 帶水袋上床比較好。因為水的比熱比鐵大，「保」暖的效果較好。

8. 冷西瓜。因為含水量較多，比熱較三明治大。

9. 因為冰島四面環海，有海洋幫忙調節氣候，所以冬季時，較其它大陸地區國家暖和。

10.溫帶地區，四季分明，冬季時會結冰，所以水管的防凍措施很重要。

11.變寬，因為等比例放大的緣故。我們可以想像在缺口處，也有一塊鐵跟著膨脹，道理與第 3 題相同。

12.若兩種材料的膨脹率相同，這雙層金屬片就失去作用了。請參考第III冊第 128 頁的圖 21.8，這種雙層金屬片恆溫器的原理，就是藉由兩層不同膨脹率的金屬，因受熱的膨脹程度不同，產生彎曲來控制溫度的。

13.參考第III冊第 132 頁的圖 21.9：在 0 ℃時，水會隨加溫而體積減少；在 4 ℃時，水會隨加溫而體積膨脹；在 6 ℃時，水也會隨加溫而體積膨脹。

14.若我們外加的能量，會轉變成分子的振動或轉動動能，那麼分配到平移動能的比率會減小。由於溫度主要與分子的平均平移動能有關，所以溫度比較難升高，也就是這類物質具有較高的比熱容量。

15.假如水的比熱容量減小，溫度的升降較易，水溫在多天時比較容易降到冰點。

沙盤推演

1. 根據公式：

$$Q = mc\,\Delta T = (500\ \text{g})(1\ \text{cal/g}°\text{C})(50°\text{C}) = 25{,}000\ \text{cal}$$

或 25 仟卡。

2. 同學應該記得 ΔT 是表示「溫度變化」的意思，也就是說，我們要用末溫減去初溫：

$$Q = mc\,\Delta T = (500\ \text{g})(1\ \text{cal/g}°\text{C})(20°\text{C} - 50°\text{C}) = -15{,}000\ \text{cal}$$

所以我們可以清楚看出來，負號在這裡的意義是「放熱」。

3. 一樣的道理，

$$Q = mc\,\Delta T = (30\ \text{g})(0.11\ \text{cal/g}°\text{C})(30°\text{C} - 100°\text{C}) = -231\ \text{cal}$$

所以，鐵塊放出了 231 卡的熱量。

4. 題目問的是鐵塊的前後溫度變化 ΔT：

$$Q = mc \, \Delta T$$
$$\Rightarrow \; -165 \text{ cal} = (30 \text{ g})(0.11 \text{ cal/g°C}) \cdot \Delta T$$
$$\Rightarrow \; \Delta T = -50°C$$

負號表示鐵塊溫度降低了 50°C。

5. 道理相同，只是要求的未知數不同。別忘了負的熱量表示放熱：

$$Q = mc \, \Delta T$$
$$\Rightarrow \; -240 \text{ cal} = m \cdot (1 \text{ cal/g°C}) \, (68°C - 80°C)$$
$$\Rightarrow \; m = 20 \text{ g}$$

6. 鋁的比熱在這裡是未知數：

$$Q = mc \, \Delta T$$
$$\Rightarrow \; -735 \text{ cal} = (50 \text{ g}) \cdot c \cdot (30°C - 100°C)$$
$$\Rightarrow \; c = 0.21 \text{ cal/g°C}$$

實戰演練

1. 我們先以卡爲單位，算出需要的熱量，再以「因次分析」的方法，把單位換算成焦耳。 100 公斤的水等於 10^5 公克，所以，

$$Q = mc\,\Delta T = (10^5\,\text{g})(1\,\text{cal/g}°\text{C})\,(15°\text{C}) = 1.5 \times 10^6\,\text{cal}$$
$$= 1.5 \times 10^6\,\text{cal} \times (4.186\,\text{J} \,/\, 1\,\text{cal}) = 6.28 \times 10^6\,\text{J}$$

我們需要 1.5×10^6 卡或 6.28×10^6 焦耳的熱量。

2. 這題可以有兩種解答方式。首先，我們用「吸收熱量」等於「放出熱量」的方式，由於已知是吸熱與放熱，所以可以略去正負號，或是在等號兩側取絕對值的方式。 1 公升的水，質量是 1,000 克：

$$Q_{吸} = Q_{放}$$
$$1{,}000\,\text{g} \times 1\,\text{cal/g}°\text{C} \times (T - 20°\text{C}) = 2{,}000\,\text{g} \times 1\,\text{cal/g}°\text{C} \times (40°\text{C} - T)$$
$$\Rightarrow \text{T} = 33.3°\text{C}$$

其次，我們可以用「總熱量變化等於零」的方式來寫下等式；從先前的計算，我們瞭解到若熱量變化爲負值，則表示放熱，正值則爲吸熱。也就是我們把計算式一律寫成末溫減初溫：

$$Q = 0 = Q_1 + Q_2$$
$$= 1{,}000\,\text{g} \times 1\,\text{cal/g}°\text{C} \times (T - 20°\text{C}) + 2{,}000\,\text{g} \times 1\,\text{cal/g}°\text{C} \times (T - 40°\text{C})$$

$$\Rightarrow T = 33.3°C$$

3. 把計算式一律寫成末溫減初溫，比較不需要費心去考慮吸熱或放熱的問題。設末溫為 T：

$$Q = 0 = Q_1 + Q_2$$
$$= 1,000 \text{ g} \times 1 \text{ cal/g°C} \times (T - 40°C) + 2,000 \text{ g} \times 1 \text{ cal/g°C} \times (T - 20°C)$$
$$\Rightarrow T = 26.67°C$$

4. 依題意，鐵與水的達到熱平衡的末溫是 22°C，所以：

$$Q = 0 = Q_{鐵} + Q_{水}$$
$$= (50 \text{ g}) \cdot c_{鐵} \cdot (22°C - 100°C) + (400 \text{ g})(1 \text{ cal/g°C})(22°C - 20°C)$$
$$\Rightarrow c_{鐵} = 0.205 \text{ cal/g°C}$$

5. 我們知道不同長度的鋼材遇熱時，都得按相同的比例膨脹：

$$1 \text{ m} : 0.5 \text{ cm} = 100 \text{ m} : x \text{ cm}$$
$$\therefore x = 50 \text{ cm}$$

6. 把橋的全長乘上熱膨脹的比率，再乘以上升的總溫度，即可知道橋的延伸長度：

$$1.5\,\text{km} \times \frac{1}{100,000} \times 20 = 3 \times 10^{-4}\,\text{km}$$

$$= 0.3\,\text{m}$$

所以這座橋的主跨距會延伸 0.3 公尺。

第 22 章

熱傳遞

想清楚，說明白

1. 當木頭或金屬與手部的溫度相同時，因為不會有熱量的流動，所以我們既不會感覺冷，也不會感覺熱。

2. 不是！我們之所以會覺得冷，是因為有熱量從我們的手部，傳到金屬棒上。

3. 差勁的導體也是優良的絕緣體，雖然木頭的溫度高，但是傳到腳上的熱量卻不多。此外，燒紅的木塊比起燒紅的鐵塊，溫度還是低得非常多。熱傳導除了與物質的特性有關之外，也與兩物體間的溫度差有關，所以，乩童無法赤腳在燒紅的鐵塊上行走。

4. 方便空氣對流。因爲熱空氣會上升，所以可以把熱量帶走，免得桌燈過熱。

5. 對流現象其實就是阿基米德浮力原理的應用，在失重的環境下，空氣無法對流，蠟燭在燃燒完附近的氧氣之後，無法再獲得補充，因此燭火會熄滅。

6. 別以爲只要太陽出來，路面的結冰就會馬上融掉。若是結冰的路面沒有灑上煤灰，則光滑雪白的路面，會反射掉許多太陽的輻射能，讓冰雪的融解相當費時。由於煤灰黑色而粗糙的表面容易吸收輻射熱，所以在雪堆上灑些煤灰，有助於吸收來自太陽的輻射熱，加速冰雪消融。

7. 記得我們在第Ⅲ冊第 157 頁的 22.6 節、關於「牛頓的冷卻定律」的討論：「冷卻速率」與「溫差」成正比；「冷卻速率」與「冷卻時間」是兩碼子事。所以等到快要喝咖啡時，再添加奶精，才會喝到較熱的咖啡。

8. 冷卻速率不會相同。從牛頓冷卻定律可知，由於在冷凍室裡，飲料與周遭環境的溫差較大，所以冷卻速率較快。

9. 應該要稍微調低個幾度，因爲離開的時間不長，而人又不在屋裡。但若是暫時關掉，等回來時，又等於重新加熱一次房子，此舉並沒有眞的節省到燃料。不過，最重要的因素是當時到底有多冷，以及你有多麼怕冷。

10.若是大氣成分容許較多的輻射逸散,地表的溫度會降低,從海洋蒸
發出來的水量會減少,各地的降雨會減少。

反之,若溫度升高,這會導致極地的冰融,使海平面上升,淹沒沿
海地區的城市。熱帶海洋受到加熱,會引發更多的颱風。

第 23 章

相的變化

想清楚，說明白

1. (a) 蒸發時，水本身由於失去動能較大的分子，平均動能減少，因而溫度降低。水所失去的能量，轉移到周遭空氣中，使空氣的溫度上升。

   (b) 凝結是蒸發的逆過程：空氣中的水分子，碰到液體的表面，失去的動能就留給了液體，增加了液體整體的平均動能，而讓溫度上升。原本周遭的空氣，則因為少了這些能量，而降低溫度。

2. 風向是指風吹過來的方向。由於風（空氣流動）會加速蒸發的速率，在手指沾濕之後，風吹過來的方向由於蒸發較快，帶走較多的能量，所以手指會覺得涼涼的，由此可以知道風向。

3. 首先是傳導，由於淺碟子的溫度較低，咖啡與碟子的接觸面積較大，碟子可以很快吸收許多熱量。其次是蒸發，比起咖啡杯，咖啡在淺碟子裡，與空氣有較大的接觸面積，蒸發速率較快，故冷卻得較快。

4. 濕布上的水分子，比起桶子裡的水來得容易蒸發，所以冷卻的效率較高。

5. 如果沸騰不是冷卻過程，那麼外加的熱量，會讓水溫繼續上升。沸騰可以想成是快速的蒸發過程，唯一的不同是，蒸發只發生在表面，沸騰則是整壺水同時汽化，而水在汽化的過程，能量較高的分子會離開液體，因而降低液體的溫度。

6. 不會。因為水在沸騰時，水溫會保持固定，用急火快滾不過是浪費能量而已。

7. 水在結冰時，會放出凝固熱。當氣溫夠低，空氣中的水汽凝結成水、再凝結成冰時，會釋放出凝結熱與凝固熱，而讓氣溫上升，所以在下雪天的氣溫感覺稍高。然而融雪時，氣溫會因為雪要吸熱才能熔化，而降低許多。

8. 在結冰的過程中，水會放熱，當氣溫降低時，缸裡的水會釋放出能量。由於水的質量很大，而且房間很小，即使水的表面結冰了，水缸底部的水還是會維持在 $4°C$，基於熱平衡的道理，室溫再怎麼低，也不會低於 $0°C$。

9. 由於室溫較高，空氣內所含的水分子較多，在碰上低溫的玻璃表面時，就會凝結成水滴。這和剛從冰箱拿出來的飲料，在瓶子外側會出現水滴是一樣的道理。

10.由於輻射冷卻的關係，空曠的地面在夜晚時散熱較快，溫度較低，所以會有較多的露水凝結在上面。而樹蔭或公園座椅底下，因爲稍有保暖的效果，所以溫度稍高，凝結的露水也較少。

沙盤推演

1. 這裡沒有涉及相變，只有水溫改變，所以，

$$Q = mc\,\Delta T = (20\ \text{g})(1\ \text{cal/g°C})(90°\text{C} - 30°\text{C})$$
$$= 1{,}200\ \text{cal}$$

2. 想熔化 50 公克的冰需要提供熔化熱：

$$Q = mL = (50\ \text{g})(80\ \text{cal/g}) = 4{,}000\ \text{cal}$$

3. 這題涉及相變。我們知道，物質在發生相變時，溫度會保持固定，在相變結束之後，溫度才會繼續改變，所以我們得分兩個階段來計算這一題：

$$Q = Q_{熔化} + Q_{水加溫} = mL + mc\,\Delta T$$

$$= (100 \text{ g}) (80 \text{ cal/g})+(100 \text{ g})(1 \text{ cal/g°C})(30°C - 0°C)$$
$$= 8,000 \text{ cal} + 3,000 \text{ cal}$$
$$= 11,000 \text{ cal}$$

4. 由於溫度沒有發生變化，所以我們只需要計算汽化熱即可：

$$Q = mL = (20 \text{ g})(540 \text{ cal/g}) = 10,800 \text{ cal}$$

5. 道理和第 3 題一樣，我們需要分成凝結與水溫變化兩個階段，來計算總共釋放出來的能量：

$$Q = Q_{凝結} + Q_{水降溫} = mL + mc\,\Delta T$$
$$= (20 \text{ g}) (540 \text{ cal/g})+(20 \text{ g})(1 \text{ cal/g°C})\times \mid 0°C - 100°C \mid$$
$$= 10,800 \text{ cal} + 2,000 \text{ cal}$$
$$= 12,800 \text{ cal}$$

注意：因為我們很清楚知道，計算出來的是「釋出」來的熱量，所以在溫度變化上，直接取了絕對值。我們也可以在凝結熱的部分加上負號，在溫度變化上不必取絕對值（也就是 $\Delta T = -100°C$），而讓計算出來的總熱量是負值，表示放熱：

$$Q = Q_{凝結} + Q_{水降溫} = mL + mc\,\Delta T$$
$$= (20 \text{ g}) (-540 \text{ cal/g})+(20 \text{ g})(1 \text{ cal/g°C})(0°C - 100°C)$$

$$= - 10,800 \text{ cal} + (- 2,000 \text{ cal})$$
$$= - 12,800 \text{ cal}$$

實戰演練

1. 注意喔：我們要的是「0°C 的水」，所以，你所加入的水蒸氣在凝結之後，會先變成 100°C 的水，然後又需要降至 0°C，才能與那 1 公克由冰熔化而成的水達到熱平衡。也就是：

冰的熔化熱 = 水蒸汽的凝結熱 + 熱水冷卻所釋放的熱

假設我們需要 m 公克的水蒸汽，

$$Q = (1 \text{ g}) (80 \text{ cal/g})$$
$$= Q_{\text{水蒸汽凝結}} + Q_{\text{熱水降溫}} = m_{\text{水蒸汽}} L + m_{\text{水蒸汽}} c \, \Delta T$$
$$= m_{\text{水蒸汽}} (540 \text{ cal/g}) + m_{\text{水蒸汽}} (1 \text{ cal/g°C})(100°C)$$
$$\Rightarrow 80 \text{ cal} = m_{\text{水蒸汽}} \times 640 \text{ cal/g}$$
$$\Rightarrow m_{\text{水蒸汽}} = 0.125 \text{ g}$$

深入演練

一般常見的錯誤是直接使用「冰的熔化熱＝水蒸汽的凝結熱」這個等式，而得出 0.148（＝ 80 ÷ 540）公克的答案。這個答案忽略了凝結後的水蒸汽是 100°C 的熱水，當最後的熱平衡是 0°C 的水時，它還會再釋放出一些熱量。

2. (a) 1 公克 100°C 的熱水，冷卻成 0°C 的冰，總共會釋放出熱量：

$$Q = Q_{水降溫} + Q_{凝固} = mc\,\Delta T + mL$$
$$= (1\text{ g})(1\text{ cal/g°C})(0°C - 100°C) + (1\text{ g})(-80\text{ cal/g})$$
$$= -100\text{ cal} + (-80\text{ cal})$$
$$= -180\text{ cal}$$

(b) 0°C 的冰塊繼續冷卻到 −273°C，總共會釋放出熱量：

$$Q = mc\,\Delta T = (1\text{ g})(0.3\text{ cal/g°C})(-273°C - 0°C)$$
$$= -81.9\text{ cal}$$

3. 若把 1 公克 100°C 的水蒸汽，冷卻成 100°C 的水，總共會釋放出凝結熱：

$$Q = mL = (1\text{ g})(-540\text{ cal/g})$$
$$= -540\text{ cal}$$

這個數值遠大於第 2 題裡的答案。

4. 由於冰塊並沒有完全熔化，所以最後熱平衡的溫度是 0°C。假設需要熔化 m 公克的冰，才能把這 20 公克 80°C 的熱水，冷卻到 0°C，因此

$$Q_{\text{凝固熱}} = Q_{\text{水降溫}}$$

$$\Rightarrow m_{\text{冰}} L = m_{\text{熱水}} \Delta T$$

$$\Rightarrow m_{\text{冰}} (-80 \text{ cal/g}) = (20 \text{ g})(1 \text{ cal/g°C}) (0°C - 80°C)$$

$$\Rightarrow m_{\text{冰}} = 20 \text{ g}$$

5. 與第 4 題的道理相同，由於冰塊並沒有完全熔化，所以最後熱平衡
   的溫度是 0°C。假設需要熔化 m 公克的冰：

$$Q_{\text{凝固熱}} = Q_{\text{鐵降溫}}$$

$$\Rightarrow m_{\text{冰}} L = m_{\text{鐵}} c \Delta T$$

$$\Rightarrow m_{\text{冰}} (-80 \text{ cal/g}) = (100 \text{ g}) (0.11 \text{ cal/g°C}) (0°C - 100°C)$$

$$\Rightarrow m_{\text{冰}} = 13.75 \text{ g}$$

第 24 章

熱力學

想清楚，說明白

1. 凱氏溫標與攝氏溫標的刻度大小相同，但因為原點（零度）的位置不同，所以讀數不同，二者的溫標值相差 273 。由於攝氏零度（0 ℃）是凱氏 273 度（273K），所以在數值上，凱氏溫度永遠比攝氏溫度大 273 。

2. 在打氣的過程中，我們所做的功，部分用在壓縮氣體，對氣體做功，增加它的內能，使得氣體的溫度上升；另一部分則是用在克服活塞與打氣筒之間的摩擦力，這部分的機械能也轉換成熱能，讓活塞與打氣筒的溫度上升。

3. 我們不可能把熱能完全轉化成機械能，這也是熱力學第二定律的基

本涵義。「卡諾熱機」是最明顯的例子：卡諾效率定出了所有熱機理想效率的上限。

至於把機械能完全轉換成熱能，倒是可能的。最簡單的例子是，我們在桌上，水平而等速的推動一個物體。由於是「等速運動」，所以我們所施的力，剛好等於摩擦力，加上該物體是水平而等速的移動，所以位能與動能都不會有變化，因此我們所做的功，就只等於摩擦力所做的功，也就是熱能。

另一個把機械能完全轉換成熱能的例子，是焦耳的「熱功當量」實驗，如第III冊第 197 頁的圖 24.2 所示。焦耳利用重物下移所釋放出來的位能，轉換成槳的動能，這些動能又轉移成水分子動能。由於我們知道，溫度象徵著分子平均平移動能的多寡，所以水的溫度會上升，焦耳據此得出機械能與熱能之間的換算：

$$1 \text{ 卡} = 4.186 \text{ 焦耳}$$

這就是著名的「熱功當量」。經由這個等式，人們逐漸瞭解到熱是能量的另一種形式，使得「熱學」與「力學」得以統一成「熱力學」。

4. 這是氣體「絕熱膨脹」的結果。暖空氣上升之後，由於高空氣壓較低，體積膨脹，氣體對外界做功，內能降低，導致溫度降低。

5. 從卡諾的發現，我們知道，引擎（熱機）的效率主要與它運轉的溫度有關。由於消音器屬於引擎廢氣排放系統的一部分，所以對引擎的效率沒有任何影響。不過，拔掉消音器之後，引擎製造的噪音無法減弱，讓大家不舒服。

在極冷的天氣裡開車，會提高引擎的效率。因為燃燒室的溫度（T_{hot}）是定值，當氣溫（T_{cold}）降低時，熱庫與熱壑間的溫差增大，從卡諾效率的公式來看，由於分子變大，所以引擎的效率會提高。

6. 熱茶變得更熱、冷水變得更冷的能量傳遞方式，並沒有違反熱力學第一定律；因為第一定律就是能量守恆定律，只要熱茶吸收的熱量，等於冷水釋放的熱量，就符合第一定律的要求。

　　然而，我們都知道，熱不會自動從低溫處流向高溫處，這也就是熱力學第二定律的最基本涵義。所以，當熱茶與冷水接觸之後，熱平衡的溫度一定比熱茶原來的溫度低，比冷水原來的溫度高。

7. 飛機噴射引擎的方式效率較高，因為它直接利用牛頓第三運動定律，燃燒廢氣所產生的作用力，會完全作用在飛機上。不像汽車引擎所產生的作用力，在驅動車輛之前，還需要克服許多摩擦力，例如活塞與齒輪傳動系統等。

高溫（室溫）

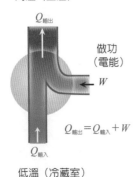

做功
（電能）

W

$Q_{輸出} = Q_{輸入} + W$

低溫（冷藏室）

▲ 圖 55
冷機示意圖

8. 請參考第 III 冊第 183 頁的圖 23.12 的冰箱冷凍循環示意圖，「冷機」的運作方式如圖 55 所示。由於壓縮唧筒做功（W），我們才能把熱量（$Q_{輸入}$）從低溫的冷藏室，移到高溫的冷凝器上，然而，冷凝器所接收到的總熱量（$Q_{輸出}$），等於壓縮唧筒做功（W，來自電能）與熱量（$Q_{輸入}$）二者之和，也就是 $Q_{輸出}$ 大於 $Q_{輸入}$。

　　當我們把廚房的門關起來，冰箱的門打開時，壓縮唧筒做功所能吸取的熱量（$Q_{輸入}$）小於冷凝器所排放出來的熱量（$Q_{輸出}$），因此整個廚房的溫度會上升。

9. 電燈除了把電能轉化爲光能之外，也有部分轉化成熱能。一般來說，這些熱能是沒有用處的能量，然而，對於需要保暖的建築物來說，這些透過電燈發光之後的廢棄能量，倒是增加了建築物裡的熱能，因此可以節省電熱器所需的電能。反過來說，對於需要冷卻的空間，電燈點得愈多，冷氣機就需要愈多的電能，才能把這些多餘的熱能排到室外。

10. 不違反熵原理。雖然對水本身來說，熵值的確降低，然而若把整個系統考慮進來，則整體的熵值還是增加的。因爲水在冰箱結冰的過程中，外在環境所增加的熵值，例如透過冰箱冷凝器所散出來的熱量，會讓房間裡空氣的熵值增大，這比水所減少的熵值來得大。而發電廠裡，不論是火力或核能發電，所產生的熱污染，也是讓整個地球的熵值變大。

沙盤推演

1. 從卡諾效率的公式，我們知道：

$$理想效率 = \frac{T_{hot} - T_{cold}}{T_{hot}} = \frac{800\ K - 300\ K}{800\ K} = 62.5\%$$

2. 從卡諾效率的公式，

$$理想效率 = \frac{T_{hot} - T_{cold}}{T_{hot}} = \frac{530\ K - 290\ K}{530\ K} = 45.3\%$$

3. 別忘了要把攝氏溫度先改成絕對溫度：高溫熱庫的溫度是 385K，
低溫熱壑的溫度是 300K。

$$理想效率 = \frac{T_{hot} - T_{cold}}{T_{hot}} = \frac{385\,K - 300\,K}{385\,K} = 22\%$$

4. 從卡諾效率的公式，

$$理想效率 = \frac{T_{hot} - T_{cold}}{T_{hot}} = \frac{293\,K - 283\,K}{293\,K} = 3.4\%$$

實戰演練

1. 由於氦氣的內能與絕對溫度成正比，10 ℃等於絕對溫度 283K，當
氦氣的內能加倍時，絕對溫度也會加倍，變成 566K，也就是 293
℃。（不知同學是否注意到：答案可不是 20 ℃。）

2. 該熱機的理想效率可由卡諾公式計算，重點在工作環境中熱庫與熱
壑的溫度：

$$理想效率 = \frac{T_{hot} - T_{cold}}{T_{hot}} = \frac{800\,K - 300\,K}{800\,K} = 62.5\%$$

熱機的實際效率，則是輸出功與輸入熱量的比值：

$$\text{實際效率} = \frac{W_{輸出}}{Q_{輸入}} = \frac{50 \text{ kJ}}{100 \text{ kJ}} = 50\%$$

3. 兩部熱機的效率分別是：

$$e_1 = \frac{T_{hot} - T_{cold}}{T_{hot}} = \frac{600 \text{ K} - 400 \text{ K}}{600 \text{ K}} = 33.3\%$$

$$e_2 = \frac{T_{hot} - T_{cold}}{T_{hot}} = \frac{500 \text{ K} - 400 \text{ K}}{500 \text{ K}} = 20.0\%$$

我們看得出來，高溫熱庫是 600K 的這部熱機，工作效率較高。

 觀念引介

熱機效率

一般來說，熱機的熱壑溫度是室溫，即 T_{cold} 可以視為定值，從卡諾公式來看：

$$e = \frac{T_{hot} - T_{cold}}{T_{hot}} = 1 - \frac{T_{cold}}{T_{hot}}$$

由於 T_{cold} 為定值，當 T_{hot} 增大時，分數值 T_{cold} ／ T_{hot} 減小，而效率 e 則會增大。因此熱機的運轉溫度愈高，效率愈大。

4. 我們知道，在大氣層裡，氣溫改變正比於氣壓改變：當乾燥的空氣氣團每上升 1 公里，溫度會降低 10 ℃，也就是說，當氣團高度驟然下降 10 公里，溫度會上升 100 ℃。所以，塑膠袋裡空氣的溫度會變爲 － 35 ℃ + 100 ℃ = 65 ℃。

觀念物理 IV

Conceptual Physics - The High School Program

聲學・光學

第四部

聲與光

第 25 章

波與振動

想清楚，說明白

1. 已知波速（v）、頻率（f）與波長（λ）的關係為

$$v = f\,\lambda$$

當波速固定時，頻率與波長成反比。由於光速是個常數，又紅光的波長較紫光長，所以紫光的頻率較紅光高。

2. 頻率（f）與週期（T）互為倒數關係：

$$T = \frac{1}{f}$$

也就是頻率與週期成反比，因此，當某物的振動頻率增為原來的三

倍時，週期只有原來的三分之一。

3. 從定義來看，波長是指相鄰兩個波峰的距離，也就是波源來回振動
　　一次所產生的結果。而波源來回振動一次所需的時間，稱為週期。
　　因此，在一個週期內，波的行進距離恰是一個波長。

4. 由於圓周上每個點與圓心的距離都相同，所以圖中所見的圓形波紋
　　（稱為波前），表示在相同的時間內，波在各個方向的行走距離都相
　　等，也就是波速在各個方向都是定值。

5. 不要利用公式，仔細閱讀題目，從定義去思考：
　　(a)「一個波每秒振動兩次」表示頻率為 2 赫。
　　(b)「每秒前進 20 公尺」表示波速是 20 公尺／秒。

6. 從都卜勒效應，我們可以推斷太陽在自轉。都卜勒效應告訴我們，
　　若波源朝著我們接近，我們會接收到較高的頻率，反之，若波源遠
　　離，接收到的則是較低的頻率。若太陽的邊緣一側朝我們接近，另
　　一側遠離我們，最有可能的情形就是太陽在自轉。

7. 這敘述不正確。受都卜勒效應影響的是觀測者所接收到的頻率。在
　　相同的介質裡，波速是個常數。

8. 因為該飛機的速率超過音速，我們所聽到的聲音不僅是飛機的引擎
　　聲，而是物體在超音速運動時所產生的衝擊波，或稱「音爆」。由
　　於飛機的速率已高過音速，所以音爆會持續跟在飛機的後方。

9. 從第 IV 冊第 23 頁，圖 25.20 的二維平面的 V 字形船頭波，我們可以推理出，在三維空間裡，圓錐形的衝擊波在波源速率增快的情形下，圓錐會變得較窄。

10. 音爆是聲波疊合的巨響，與爆炸時空氣驟然膨脹的效果相同。飛機在低於音速飛行時，聲波波峰一個接一個傳到耳朵，效果是一種連續的聲音，與音爆不同。

沙盤推演

1. 從頻率的定義：

$$f = \frac{76}{1\,\mathrm{min}} = \frac{76}{60\,\mathrm{s}} = 1.27\,\mathrm{Hz}$$

從週期的定義：

$$T = \frac{1}{f} = \frac{60\,\mathrm{s}}{76} = 0.8\,\mathrm{s}$$

所以心臟的振動頻率約是 1.3 赫，週期約為 0.8 秒。

2. 從題目中得知，這棟大樓的振動週期是 6.8 秒，由週期與頻率的倒數關係可知頻率為：

$$f = \frac{1}{T} = \frac{1}{6.8\,\mathrm{s}} = 0.15\,\mathrm{Hz}$$

這和大樓的高度沒有關係，同學不要受混淆了。

3. 依題意，「木棍每秒輕點水面兩次」表示頻率為 2 赫，也就是 2 次 ／秒；「相鄰兩水波間隔 0.15 公尺」表示波長是 0.15 公尺，所以 波速

$$v = f\lambda = (2\ \text{Hz})(0.15\ \text{m}) = 0.3\ \text{m/s}$$

附注：同學應該還記得單位也可做四則運算的觀念，頻率的單位 「赫茲」（Hz）就是秒分之一（1/s）。

4. 依題意，「相鄰兩波峰的距離 0.4 公尺」表示波長為 0.4 公尺，所 以波速為

$$v = f\lambda = (2\ \text{Hz})(0.4\ \text{m}) = 0.8\ \text{m/s}$$

5. 已知頻率與波速，則波長為

$$\lambda = \frac{v}{f} = \frac{340\ \text{m/s}}{20\ \text{Hz}} = 17\ \text{m}$$
$$= 17\ \text{m} \times \frac{3.28\ \text{ft}}{1\ \text{m}} = 55.76\ \text{ft}$$

英尺的原文是 foot，也就是一個腳掌的長度，約 30 公分左右，同 學可以大約想像一下，這個長度有多長？

實戰演練

1. 在這 30 秒內，小文看到 10 個波峰，換句話說，就是有 9 個波長經過他面前，因此，這個水波的頻率是

$$f = \frac{波數}{時間間隔} = \frac{9}{30\,\text{s}} = 0.3\,\text{Hz}$$

海浪的振動週期是：

$$T = \frac{1}{f} = \frac{30\,\text{s}}{9} = 3.3\,\text{s}$$

兩波峰間的距離 5 公尺，就是波長。所以，水波的波速為

$$v = f\lambda = (0.3\,\text{Hz})(5\,\text{m}) = 1.5\,\text{m/s}$$

2. 「每秒來回振動三次」的意思就是頻率為 3 赫，而週期為頻率的倒數，也就是振動一次所需的時間，所以是三分之一秒（0.33 秒）。波速是

$$v = f\lambda = (3\,\text{Hz})(2\,\text{m}) = 6\,\text{m/s}$$

3. 頻率 100 百萬赫可以用科學記號表示成

$$f = 100 \times 10^6\,\text{Hz} = 10^8\,\text{Hz}$$

已知電磁波的波速等於光速，所以電磁波波長為：

$$\lambda = \frac{c}{f} = \frac{3 \times 10^8\,\text{m/s}}{10^8\,\text{Hz}} = 3\,\text{m}$$

4. 已知紅光的波長與光速，所以紅光的頻率是：

$$f = \frac{c}{\lambda} = \frac{3 \times 10^8 \text{ m/s}}{7 \times 10^{-7} \text{ m}} = 4.3 \times 10^{14} \text{ Hz}$$

第 **26** 章

聲 音

想清楚，說明白

1. 因為光速遠大於聲速，而且打擊區與觀眾席的距離夠遠，讓我們可以感覺出這兩個速率的差異。

2. 因為聲音傳遞到隊伍的後面，需要稍長的時間，因此隊伍後方的人所聽到的節拍，會稍有延遲，使腳步顯得不夠一致。

3. 大約 340 公尺。因為聲速每秒約 340 公尺，當你看到最後一下敲打動作時，從木樁那裡所發出的聲音，經過一秒後才傳到耳朵，所以兩地距離大約是 340 公尺。

4. 首先，由於聲速遠小於光速，所以我們不可能「同時」聽到與看到

遠處的爆炸。這道理和打雷時，我們會先看到閃光，後聽到雷聲一樣。

其次，由於聲音的傳播需要介質，所以，我們根本無法聽到來自遙遠外太空的聲音。

5. 聲波屬於縱波（疏密波），所以該位置空氣的氣壓會增大或減小。

6. 響度是依照聲音強度，取對數定義出來的。從第IV冊第 39 頁的表 26.1 可知，耳邊細語的響度是 20 分貝，所以在聲音強度上，是可聽到最微小聲音（0 分貝）的 100 倍。正常的呼吸聲約 10 分貝，所以耳邊細語的聲音強度，是正常呼吸聲的 10 倍強度。

7. 樂音高出雜音 50 分貝的意思是，在聲音強度上，樂音是雜音的 10^5 倍（10 萬倍）。

8. 這是由於「強迫振動」現象的緣故；同學可參考第IV冊第 40 頁的第 26.6 節。由於桌子被迫運動，也帶動更多的分子一起運動，從能量守恆的觀點，因為桌子也使用了部分能量，所以音叉振動的時間會減短。

9. 共鳴弦是利用共振原理。這組共鳴弦的頻率與長頸上的琴弦接近，當演奏者撥動琴弦時，透過空氣中的疏密波，推動長頸內的共鳴弦；雖然來自空氣振動的推動力很小，不過因為頻率與共鳴弦的固有頻率相等（或非常接近），所以可以引發共鳴弦一起振動，發出聲音。

10. 兩支頻率相近的音叉，發生干涉時，所產生的拍的頻率，等於兩音叉之間的頻率差。所以， 260 赫、 262 赫與 266 赫兩兩干涉的結果分別是：

$$262 - 260 = 2 \text{ Hz}$$
$$266 - 262 = 4 \text{ Hz}$$
$$266 - 260 = 6 \text{ Hz}$$

11. 因為拍頻等於兩干涉頻率之間的差，所以開始調音前，拍頻為兩拍，表示鋼琴與音叉間的頻率差為 2 赫。在琴弦稍緊一些之後，拍頻減為 1 赫，表示琴弦與音叉的頻率在接近中，所以需要把琴弦再調緊一些。

12. 嚴格說來，這道題目，應該沒有「標準」答案，但是它卻值得同學好好去討論一下，在此，我先說說個人的想法，就當是拋磚引玉吧。

以品嚐東西為例，同一碗牛肉麵，有人覺得很辣，有人覺得還好，有人還可以再加一大匙辣椒醬，顯然，感官經驗並不是那麼統一。推展到聆聽音樂、觀賞圖畫、品嚐乳酪、嗅到的鮮花香味、觸摸到的布料質感等等，應該也是如此。

比較科學的解釋是這樣，以嗅覺為例，鮮花中有某些物質，揮發成氣體分子，在空氣中飄蕩，剛好進到我們的鼻子裡，與鼻子裡的黏膜相碰撞，鼻子黏膜因而產生一些化學物質，透過腦部的嗅覺神經詮釋，告訴我們，我們聞到「香味」了。然而，這些發生在人體感官神經上的化學變化，對每個人來說，都是不太一樣的，所以聞到

的味道也會有些許差異。雖然大體上可能會有共同的感覺，但是仔細來說，差異是存在的。視覺、味覺、觸覺、聽覺等的道理，也都相同。

對於相同的邏輯陳述，每個人得到的結論，未必會完全相同。最簡單的證據可能可以是，讀完相同的教科書，每個人考試的分數卻都不太一樣！這當然是個玩笑話。不過，你從這麼多的哲學家提出各式各樣的學說，或是俗話說的「公說公有理，婆說婆有理」，以及「秀才遇到兵，有理說不清」等，就可以得到佐證。為什麼會這樣呢？你會怎麼來解釋這些現象？

實戰演練

1. 在第 25 章中，我們學會了波速（v）＝ 頻率（f）×波長（λ），由於聲音是縱波的一種，所以波長與聲速和頻率之間的關係為：

$$\lambda_{低音} = \frac{v}{f} = \frac{340 \text{ m/s}}{20 \text{ Hz}} = 17 \text{ m}$$

$$\lambda_{高音} = \frac{v}{f} = \frac{340 \text{ m/s}}{20,000 \text{ Hz}} = 0.017 \text{ m}$$

2. 室溫下的聲速是 340 公尺／秒，若波長為 1 公尺，則頻率為

$$f = \frac{v}{\lambda} = \frac{340 \text{ m/s}}{1 \text{ m}} = 340 \text{ Hz}$$

3. 超聲波從探測船的聲納放出之後，會先抵達海底，再返回船上的聲納，若總共費時 8 秒，則從探測船出發到抵達海底的時間，只用了 4 秒：

深度（距離）＝ 速度 × 時間 ＝ 1,530 m/s × 4s ＝ 6,120 m

4. 拍頻等於兩相近頻率之間的差，所以由 240 赫與 243 赫這兩組聲音所產生的拍頻等於

243 Hz − 240 Hz = 3 Hz

觀 念 引 介

拍頻等於兩相近頻率之差

對於高中程度、學過三角函數的同學來說，「拍頻等於兩相近頻率之差」這個公式很容易理解。在數學上，我們常用正弦函數（sin）來表示波動，當兩個波動（聲波）發生干涉時，他們在振幅上會有相加或相消的效果，也就是我們把兩個正弦函數相加起來，再利用三角學「和差化積」的公式，得出合成波的函數。從這個函數中，我們看出另一個規律出現的頻率，它就是拍頻。第IV第 46 頁的圖 26.15，就是這個觀念的定性描述。

我把數學公式推導的過程，簡單列在這裡：假設 y_1、y_2 兩個波，振幅是 y_m，頻率分別為 f_1、f_2，即：

$$y_1 = y_m \sin 2\pi f_1 t$$

$$y_2 = y_m \sin 2\pi f_2 t$$

根據重疊原理，合成波爲

$$y = y_1 + y_2 = y_m(\sin 2\pi f_1 t + \sin 2\pi f_2 t)$$

利用「和差化積」公式

$$\sin A + \sin B = 2\sin\tfrac{1}{2}(A+B)\cos\tfrac{1}{2}(A-B)$$

可得

$$y = \left[2y_m \cos 2\pi\left(\frac{f_1 - f_2}{2}\right)t\right]\sin 2\pi\left(\frac{f_1 + f_2}{2}\right)t$$

從這個式子，我們可以看出，合成波的振動頻率是兩個波的平均值 $(f_1 + f_2)／2$；式子前方的中括號，則表示振幅；振幅極大值就是拍發生的地方，也就是 $\cos 2\pi\left[(f_1 - f_2)／2\right]t$ 等於 $+1$ 或 -1 的地方。換句話說，在餘弦函數的一個週期裡，會出現兩拍，所以拍頻等於 $(f_1 - f_2)／2$ 的兩倍，也就是 $f_1 - f_2$，亦即原本兩聲波的頻率差。

同學可以把圖 26.15 的數據（10 赫與 12 赫）代入上面的數式作運算，再與該圖形做個比較。

5. 因爲拍頻是兩聲音頻率的差，所以，

$$440\ \text{Hz} \pm 5\ \text{Hz} = 445\ \text{Hz 或 } 435\ \text{Hz}$$

另一個聲音的頻率可能是 445 赫或 435 赫。

第 **27** 章

光

想清楚，說明白

1. 太陽光能照射到地球上，便是最直接的證明。此外，仰望夜空，我們能看到遙遠太空中的恆星，也是一個證據。

2. 只要是八分之一圈的整數倍，都可以從目鏡中看見反射光。所以 2.1 倍不行。從第 IV 冊第 59 頁的圖 27.3(a)可知，這個八面鏡必須轉動八分之一圈的整數倍，回到原處，從原處山頂反射回來的光線，才能進入到觀測鏡裡。

3. 參考第 IV 冊第 59 頁的圖 27.3，我們在此繪出八面鏡與六面鏡的實驗示意圖（如次頁的圖 56）。由於另外一面鏡子位在遙遠的 35 公里處，所以旋轉中的八面鏡或六面鏡，需要剛好轉回到原來的位置；

也就是說，八面鏡至少需旋轉八分之一圈（45°），而六面鏡則需要旋轉六分之一圈（60°），如此一來，從光源發出的閃光，才能反射到觀測鏡裡。

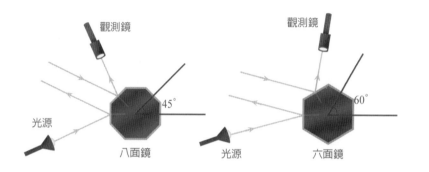

◀圖 56
由於在相同時間內，六面鏡須轉動較大的角度，才能回到原來的位置，所以需要較高的轉速。

由於閃光來回一趟的距離是固定的（光行進 70 公里的時間），所以在相同的時間間隔內，若是使用六面鏡，需要轉動更多的角度，也就是需要更大的轉速才行。以數學式表示：

$$八面鏡轉速\ \omega_8 = 45° \big/ t$$
$$六面鏡轉速\ \omega_6 = 60° \big/ t$$

由於分母的時間 t 相同，所以 ω_6 大於 ω_8。

4. 我們之所以會曬黑，是因爲紫外線的關係。陰天時，並不是沒有紫外線，只是強度稍微低些，因爲雲對紫外線來說是半透明的，所以不論晴天陰天，我們都會曬黑。

玻璃對紫外線來說是不透明的，因爲玻璃內的電子的固有振動頻率，屬於紫外線的範圍。如果隔著玻璃，入射的紫外線會被玻璃原

子吸收,造成電子與原子核間的大幅振動(共振),原子會將這份能量保留相當長的時間。在這段時間內,玻璃原子間會相互碰撞,來自紫外線的能量則轉換成熱能,於是玻璃的溫度升高,卻沒有紫外線穿透。所以只要隔著玻璃,我們就不會曬黑。

5. 子彈在樹幹裡,由於摩擦力做負功的關係,動能減少,所以速率減慢。

 光波的情形完全不同。光波射入玻璃之後,會引起電子的振動,振動的電子除了會與周圍的原子碰撞,損失小部分能量之外,也會放出輻射,而這再次釋放出來的光波的頻率,與入射光完全相同,但是在時間上有點延遲。時間延遲是光在玻璃中傳播速率減慢的主因,而與周圍原子碰撞的能量損失,則是光沒有百分之百穿透玻璃的原因。然而,雖然入射光與透射光在整體上有能量的損失(亮度減小),但透過玻璃射出的光線,頻率與入射光完全相同,光速也相同。

6. 藍光的波長較紅光短,在穿透玻璃時,與玻璃原子的交互作用較頻繁,所以會耗費較長的時間。

7. 比較閱讀用的眼鏡與太陽眼鏡,透過太陽眼鏡的光線顯然少得多,光之所以無法穿透,就是因為被太陽眼鏡的鏡片吸收了。鏡片的原子與分子,把入射光的能量轉換成不規則運動的動能(內能),由於太陽眼鏡吸收的陽光較多,所以溫度較高。

8. 請參考第IV冊第 68 頁起的 27.6 節,關於全影、半影的說明。飛機

在高空時，由於從別處射過來的光線，很容易抵達飛機下方的地面，所有的半影都重疊混在一起，因此高空的飛機很難或根本不會形成陰影。反之，當飛機低空飛行時，可以遮住較多的光線，所以較容易在地面上形成陰影。

9. 雖然非偏振光的偏振方向，涵蓋了所有的方向，我們以圖 57a 表示；但是整道光可以化約成水平分量與垂直分量，如圖 57b 所示，或是與濾光鏡偏振軸垂直或平行的兩個分量。當非偏振光通過偏振濾光鏡時，只有與濾光鏡偏振軸方向平行的分量會透過，垂直的分量無法通過，因此只有 50% 的光線強度可穿透偏振鏡。

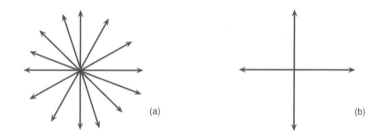

◀圖 57
(a) 非偏振光的偏振方向涵蓋了所有方向。(b) 每一個方向，我們都能分解成水平與垂直的兩個分量。

深入演練

同學若拿圖 57 與第IV冊第 72 頁的圖 27.14 做對照，這裡的圖(a)就相當於光線剛從手電筒射出來時的非偏振光，圖(b)就相當於把非偏振光以向量和的方式，化約成只有水平分量與垂直分量。同學不要被圖 27.14 那個繩波的例子給誤導了；繩波穿越柵欄只是個「比

喻」。這一題的關鍵是光的向量性質，而只有與濾鏡偏振軸方向平行的分量，會透過濾鏡，垂直分量則無法穿透。第 IV 冊第 199 頁起的附錄 E，對此有詳盡的說明。

10.理想的偏振濾光鏡只會吸收與其偏振軸垂直的分量，因此，若兩片偏振濾鏡的偏振軸方向相同，則透過這兩片濾鏡之後的光線只剩下 50%。若兩片偏振濾鏡的偏振軸方向互相垂直，則沒有任何光線可以透過這兩片濾鏡。

顏 色

想清楚，說明白

1. 網球是草綠色的，因為它的表面把所有其它的色光都吸收了，只把草綠色的光波反射出來。

2. 紅色的玫瑰花瓣，會反射出紅色光，而吸收其它的色光。當我們以紅光照射玫瑰花時，花瓣吸收的光線遠少於葉子所吸收的光線，所以葉子的溫度較高。

3. 因為白色會反射所有的入射光線，而黑色則會吸收所有的入射光線。就光學儀器而言，為了避免不必要的反射光線，所以在內壁漆上黑色。

4. 透明物體的顏色，是由穿透的色光顏色來決定。第一種情形，等於我們製造了兩個單色光，一是紅色，一是綠色，這兩種色光在白色屏幕上重疊之後，會變成黃色。請參考第IV冊第 91 頁的圖 28.7。第二種情形，當我們把兩塊玻璃重疊之後，可參考第IV冊第 89 頁的圖 28.5 的原理，第一片紅色玻璃吸收了紅色以外的所有色光，只讓紅色光透過。當紅色光抵達第二片綠色玻璃時，就被綠色玻璃吸收了，因此沒有光線可以透過第二片玻璃，所以屏幕上呈現黑色的陰影。

5. 物體所呈現的顏色，與照射光的種類有關。螢光燈就是我們常說的日光燈，它所發出的光，在高頻率帶的強度較強，所以物體在螢光燈下，顯得較偏藍色。該顧客希望知道衣服在陽光下的顏色，所提出的要求是合理的。

6. 黃色的衣服因為反射出黃色的光，而呈現黃色。在日光下，黃色以外的所有色光，都會被吸收，而只有黃色光被反射出來。
以黃光照射衣服，所有入射光幾乎完全被反射回來，所以衣服呈黃色。若以藍光照射衣服，則因藍光被吸收，而讓衣服呈現黑色。

7. 聚光燈會發出白光，減去藍光之後，出現的是藍光的互補色，也就是黃色。

8. 根據互補色的原理：黃色＋藍色＝白色。衣服會呈現黃色，是因為衣服的染料色素吸收了藍光的緣故。所以，若是把藍光打向舞台上穿黃色衣服的表演者，藍光剛好給吸收掉，而讓衣服變為黑色。

9. (a) 請參考第IV冊第 91 頁的圖 28.7 ，白襯衫以紅光與綠光同時照射，會呈現黃色。

(b) 請參考第IV冊第 93 頁的圖 28.9 右上圖，舞台上的陰影顏色，有全影、半影的不同，也與舞台的顏色有關。假設舞台也是白色，則在紅光被擋住的地方，呈現綠色（紅光的全影），在綠光被擋住的地方，呈現紅色（綠光的全影）。紅光與綠光都能抵達的半影區，則呈黃色。

10. 印表機所使用的是染料的三原色：洋紅、青、黃。與調節色光的方式不同，染料調色是利用「減法混色」。

11. 底片上的顏色是真實顏色的互補色，因為在沖印時，要讓白光透過底片，在相紙上顯影，還原出本色。所以，紅色毛衣在底片上看起來是青色（請參考第IV冊第 91 頁的圖 28.7）。

12. 因為雷射光束非常集中，真的就像是一條「光線」，若是沒有透過霧氣或粉筆灰等小分子的散射，除非它直接射向你的眼睛（這會對眼睛造成傷害），否則我們是看不到的。這也就是刑事鑑識專家李昌鈺博士在台南市金華街的 319 槍擊案現場，以綠色雷射光進行彈道模擬時，需要請消防車噴灑水霧的原因。

13. 積雨雲所含有的水滴較多，由於水滴所吸收的輻射多，所以看起比較暗，接近黑色。

14. 由於物體所能反射的光，決定於照射光所含的頻率。這一題的意思

等於是在問：以青色（藍綠色）的光照射在紅色、綠色與白色物體上，會反射出什麼顏色？

因為紅色只能反射出紅色光，而吸收其它的色光，因此在海底會呈黑色。漆綠色的船，則會吸收藍色光，而反射出綠色光，呈現綠色。白色可以反射出所有的光線，所以還是會呈現出青色。

15.鎢絲在受熱發光時，因為是固態，原子全部擠在一起，不僅有電子振動輻射出光線，整個原子也會有劇烈的熱運動，這也會輻射出光線，這些不同頻率的光線混在一起，就是我們所看到的連續光譜；以接近紅色頻率的光較強，藍、紫色光的強度較弱。

然而，在鎢氣燃燒時，由於是氣態，原子間的距離很遠，彼此獨立不會有影響，因此所輻射出來的光線，只有電子在軌道間躍遷所輻射出來的頻率（請參閱第 V 冊第 38 章），所以出現不連續的離散光譜（如第 IV 冊第 106 頁的圖 28.17）。

第 29 章

反射與折射

想清楚，說明白

1. 如圖 58 所示，先畫出法線，利用入射角等於反射角（反射定律），
畫出反射線，可知在 P 位置的人可以看到字母 B。

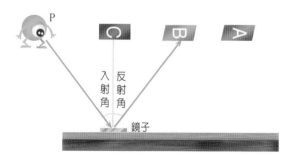

◀圖 58

2. 主要是寫給前車的駕駛人，用後視鏡看的。同學可以把這行字放在你後方，一起去照鏡子。

3. 光線的傳播路徑具有可逆性（不論是反射或折射）。

4. 在夜晚，潮濕光滑的路面就像鏡子一樣，對車燈的反射而言，方向比較一致（請參考第IV冊第 121 頁的圖 29.10），只有在特定的角度，才看得到影像；不像崎嶇不平的路面，散射的程度較大，所以潮濕光滑的路面，能見度較差。

5. 因為鏡子反射了聲波，使得自動相機測得的拍攝物距離是在鏡子表面，然而真正成像的地方，卻是在 2 倍遠處（鏡子後方），所以這種相機照不出清晰的影像。

6. 因為有部分能量被障礙物（如牆壁）的表面吸收了，或透射過去，所以反射回來的能量較少。

7. 從湖面反射出來的景色，不會完全相同。無法射到湖面上的光線，湖邊的觀察者就無法看到，例如遠處山頂上的樹木，可能無法透過湖面反射到觀察者的眼中。因此，湖面上的影像，就會少了山頂的樹木。

8. 從第IV冊第 127 頁的圖 29.18 可知，由於折射的緣故，魚的真實位置其實是在我們所見位置的下方，所以若是要用魚叉捕魚，需要瞄準魚的下方。而由於光線的路徑具有可逆性，若是使用雷射光，只

要瞄準眼睛所看到魚的位置,透過水的折射,雷射光自然會偏折到魚真正的位置。

9. 若非受到地形地物的阻擋,每個人都應該看到整個圓形的彩虹。從第IV冊第 132 頁的圖 29.24 可以看出,在飛機上的觀察者不僅有可能可以看到整圈的彩虹,而且飛機的陰影剛好就位在彩虹的圓心;不過由於距離相當遠,全影、半影相重疊之後,飛機的影子可能相當模糊。

實戰演練

1. 由於每個界面都會反射 4% 的光,所以有 96% 的光可以透射過去。通過一片玻璃需要經過兩個界面(如圖 59,特意畫成斜射的透射光,讀者比較能理解),因此最終透射過的光只有原來的:

$$96\% \times 96\% = 92.2\%$$

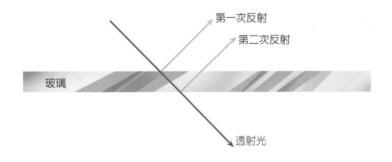

◀ 圖 59

2. 當你以 1 公尺／秒朝鏡子移動時，鏡中的影像也以 1 公尺／秒朝鏡子移動，因此相對於你來說，鏡中的影像是以 2 公尺／秒的速率在移動。

3. 聲速約 340 公尺／秒，遠大於蝙蝠的飛行速率，所以蝙蝠的飛行速率可以忽略。蝙蝠在 1 秒後聽到回聲，意思是原聲音在 0.5 秒時便抵達牆壁，所以蝙蝠在發聲時，與牆壁相距

$$340 \text{ m/s} \times 0.5 \text{ s} = 170 \text{ m}$$

4. 與第 3 題的道理相同。超聲波離開探測船 3 秒之後，抵達海底，所以水深為

$$1{,}530 \text{ m/s} \times 3 \text{ s} = 4{,}590 \text{ m}$$

第 **30** 章

透　鏡

想清楚，說明白

1. (a) 要使用會聚透鏡製造虛像，需要把物體放在焦距以內的位置，如第 IV 冊第 151 頁的圖 30.9 所示。

   (b) 發散透鏡無法形成實像，如第 IV 冊第 154 頁的圖 30.11 所示。

2. 放個屏幕在成像處，若是實像，則可以在屏幕上看到該像，若是虛像，則屏幕上只會是個較亮的區域，無法成像。

3. 放大鏡是會聚透鏡，由於陽光可視為從無限遠處來的平行光束，所以透射過放大鏡的所有陽光，會成像集中在焦點上。若是在焦點處放置燃點較低的物品，例如紙，那麼來自陽光的能量所產生的溫度，便可以讓紙燒了起來，因此放大鏡又稱為「點火鏡」。

4. 位在無窮遠處的物體，透過會聚透鏡，會成像在焦點處，如第 IV 冊第 154 頁的圖 30.10 第五幅圖所示，鏡頭透鏡與底片的距離應為 1 個焦距。

5. 我們以第 IV 冊第 156 頁的圖 30.12 簡易相機為例，來做說明。一般相機鏡頭的焦距是固定的，成像原理是讓物體位在兩倍焦距外，再調整鏡頭和底片的距離，使底片在焦距與兩倍焦距間移動。原理如第 IV 冊第 153 頁的圖 30.10 第三幅圖及第 154 頁的第四幅圖、第五幅圖所示，物體唯有位在兩倍焦距外，才可能形成倒立縮小的實像（我們需要實像，否則底片無法曝光，我們也需要縮小的像，否則就需要跟原物一樣大小的底片）。從這些事實我們可以推論，相機的厚度，從前方的鏡頭到後方的底片，大約是 2 個焦距的距離。
   題目中「將焦點對準鏡中的你和鏡框」的意思，不是要你去調整鏡頭的焦距，而是要問：當你在調整鏡頭和底片的距離時，你是要把相機和鏡框的距離當成物距，還是把鏡中的像與相機的距離當成物距？答案我想很明顯，根據我們在第 29 章〈反射與折射〉所學的，我們要把鏡中的像當成拍攝的主角，而且鏡中的像不是位在鏡子上，鏡中的像與鏡子之間的距離，就是你和鏡子的距離，因此，你無法把焦點「同時」對準鏡中的你和鏡框。

6. 延續前一題的討論，若你在鏡前 2 公尺，想拍攝鏡中的自己時，要把相機瞄準在前方 4 公尺處的地方，如此，鏡中的像才能在底片上清晰成像。

7. 如圖 60 所示：(a)圖爲正立放大的虛像，(b)圖是放大的倒立實像
（從我們觀看的方位來看，原物已是倒立的，所以它的「倒立實像」
就成了正立的），(c)圖爲縮小的正立虛像。

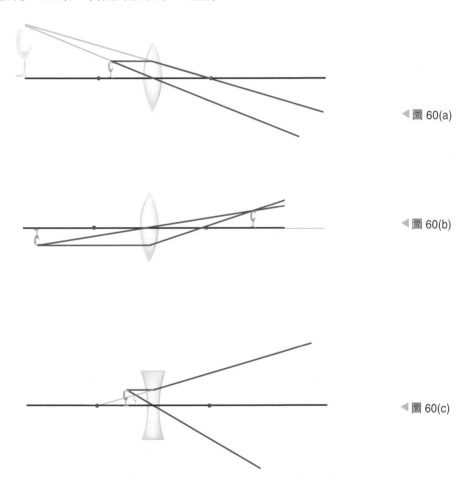

◀ 圖 60(a)

◀ 圖 60(b)

◀ 圖 60(c)

8. 幻燈機的原理如第Ⅳ冊第 159 頁的圖 30.16 所示：把幻燈片放在投

影透鏡（會聚透鏡）的焦距與兩倍焦距間，希望在兩倍焦距外形成一個放大的實像，不過由於這是個倒立的像（見第IV冊第153頁的圖 30.10 第二幅圖），所以我們需要預先把底片倒著放，觀眾才可以看到正立的像。

9. 由於天文望遠鏡的構造有兩片透鏡（參考第IV冊第 157 頁的圖 30.13），第一片透鏡（物鏡）讓遠處的星體成倒立縮小的實像，由於星體距離非常遠，所以這個像的成像位置非常接近物鏡的焦距，而且尺寸非常小，不易觀測。但是，若把這個像放在第二片透鏡（物鏡）的焦距內，則可以形成一個放大正立的虛像，方便觀測。在這一反、一正的過程中，透過天文望遠鏡所觀測到的像，就會與原物體上下顛倒了。

10.這是色像差（參考第IV冊第 163 頁的圖 30.23）。由於不同的色光有不同的速率（與折射率），在透鏡邊緣，因為透鏡彎曲的弧度較大，所以不同色光的偏折程度差異較大，比較容易出現色像差。

11.折射現象起因於波在不同的介質中，有不同的波速。若光在玻璃與空氣中具有相同的速率，就不會有折射現象發生，透鏡也不會有會聚或發散的功能，望遠鏡或顯微鏡就會像鏡頭被拆掉一樣，不會有任何放大或縮小的功能；和你現在拿張紙，捲成圓桶狀，然後拿去看星星或玻片上的標本，感覺是一樣的。

12.我們在第 29.8 節（第IV冊第 126 頁）學過折射率的定義：

$$\text{折射率 } n = \frac{\text{光在眞空中的速率}}{\text{光在物質中的速率}}$$

這個定義最重要的觀念之一是，當光速在不同的介質中傳播，速率改變得愈大，折射的程度便愈明顯。利用司乃耳定律：$n \sin\theta = n'\sin\theta'$，可定量算出折射角度來。

由於光波在水中的傳播速率較空氣中慢，所以光從水進入玻璃時，比光從空氣進入玻璃時，速率減少的程度較小，折射程度也較小，因此放大鏡的放大倍率會減小。

深入演練

請參考第 27.4 節（第IV冊第 63 頁起）：光在水中傳播的速率約爲眞空（或空氣）中的四分之三（75%），在玻璃中傳播的速率約爲眞空（或空氣）中的三分之二（67%）。同學是否能從水的折射率爲 1.33、玻璃的折射率爲 1.5 這兩個數據，推論出光在這兩個介質中的傳播速率？

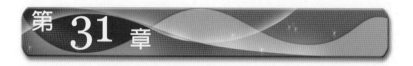

繞射與干涉

想清楚，說明白

1. 因為聲波的波長較長，所以繞射現象較明顯。

2. 因為貝斯是低音，頻率較女歌手的聲音低。對相同聲速來說，頻率與波長成反比；貝斯的頻率低，波長較長，繞射現象較明顯，容易繞過障礙物，也比較容易向四面八方傳播出去。

3. 波長愈大於障礙物的尺寸時，繞射現象愈明顯。以典型的無線電波來說，頻率數量級是 1 百萬（10^6）赫或更短，波長約是

$$\lambda_{無線電波} = \frac{c}{f} = \frac{3 \times 10^8 \text{ m/s}}{10^6 \cdot 1/\text{s}} = 3 \times 10^2 \text{ m}$$

而可見光頻率數量級是 1 百兆（10^{14}）赫，波長約是

$$\lambda_{可見光} = \frac{c}{f} = \frac{3 \times 10^8 \text{ m/s}}{10^{14} \cdot 1/\text{s}} = 3 \times 10^{-6} \text{ m}$$

由此我們可以明顯看出來，數量級為 1 百公尺或更長的無線電波，已經大於普通建築物的尺寸，因此要無線電波繞過建築物，不是難事。但是對波長只有百萬分之一公尺的可見光來說，故事就完全不同了。

4. 這是聲波的干涉現象：由於聲波從兩個喇叭傳出之後，所行走的路徑長不同，造成相位差。若路徑長相差半個波長（或其奇數倍），則為相消干涉；若路徑長相差一個波長（或其整數倍），則為相長干涉。干涉的結果與楊氏雙狹縫實驗一樣，可參考第 IV 冊第 181 頁的圖 31.11 與第 183 頁的圖 31.14。

5. 同樣如第 IV 冊第 181 頁的圖 31.11 與第 183 頁的圖 31.14 所示，只要人行走的路徑不要通過節線（注：在干涉圖形中，把發生相消干涉的地方連接起來的線，稱為節線），就不會聽到忽強忽弱的聲音。換句話說，行走在徑向方向即可，不要平行於兩個擴音器的連線方向。

6. 由於紅色光的波長較長，所以干涉圖樣中，亮暗條紋的間隔較大。同學如果好奇為什麼波長較長的光，會產生間隔較大的干涉圖樣，其實只需要簡單的數學計算，便可以回答這個問題。請看次頁的「觀念引介」專欄。

？ **觀 念 引 介**

相長、相消干涉的關鍵：光程差 $d \sin \theta$

首先，我們把第IV冊第 183 頁的圖 31.14 ，分解成圖 61 的三種情形，強調「光程差」在相長干涉與相消干涉上的影響：

　　(a) 光程差為零時，相長干涉，發生亮紋；

　　(b) 光程差為半個波長時，相消干涉，發生暗紋；

　　(c) 光程差為一個波長時，相長干涉，發生亮紋。

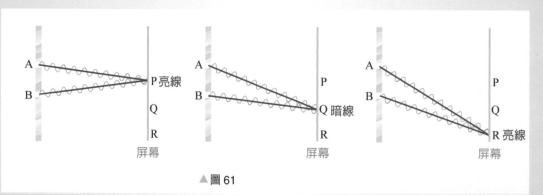

▲圖 61

其次，我們考慮屏幕上的任意一個位置 y ，則圖 31.14 可以簡化成次頁的圖 62 ，其中的重點是光程差 $d \sin\theta$ 。由此我們知道，形成亮紋的條件是

$$d \sin\theta = m\lambda \, (m = 0, \pm 1, \pm 2, \cdots)$$

由於屏幕與狹縫的距離相當遠，所以我們可以把 $\sin\theta$ 取近似值

$$\sin\theta \approx \tan\theta = \frac{y}{L}$$

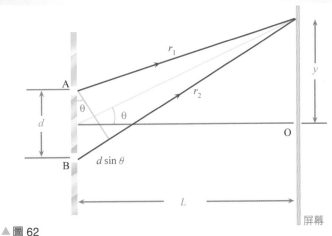

▲圖 62
通過雙狹縫之後的光波，在抵達屏幕前的光程差為 $d \sin \theta$。
（此圖並未依正確比例繪出，實際上，L 遠大於 d。）

由此我們寫出亮紋出現的位置是

$$y_{亮} = m \frac{\lambda L}{d}$$

而相鄰兩亮紋間的距離為

$$\Delta y = y_{m+1} - y_m = \frac{(m+1)\lambda L}{d} - \frac{m\lambda L}{d} = \frac{\lambda L}{d}$$

由此可知，在狹縫與屏幕距離（L）固定的情況下，兩干涉亮紋間的距離與干涉光的波長成正比，與狹縫距離成反比。

7. 要想標示出一個波裡的某個位置，利用長度或時間都可以。由於波動有週期性運動的特徵，我們若把長度（x）改以波長的倍數表示，或是某個時刻與週期的倍數關係，就可以很清楚看出，該位置與波峰或波谷的相對關係。另一個常用而且非常方便的方式，就是利用「相角」來表示，如圖63所示。假設 $\phi = 0°$ 是這個波的起點，那麼 $\phi = 90°$ 就是波峰的位置，也就是四分之一波長的地方；半波長的位置，也就是相角 $180°$ 的地方。

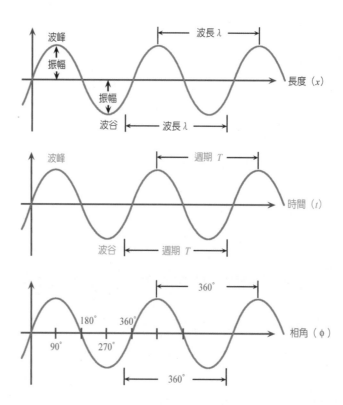

▶ 圖63

由於波動有連續性週期的特徵。因此我們可以利用三角函數一週期360°的特性，以相角表示一個波裡的某個位置。

先讓單色光通過一道狹縫，可以確保抵達雙狹縫時的光線，有相同的「相位」（相角），如此可以讓干涉條紋較爲清晰。否則，同一個光源（譬如燈泡）所發出的光，由於光源的尺寸頗大，同時會有許多相位不同的光線（也就是波峰或波谷的相對位置都不同），一起抵達並通過雙狹縫。如此一來，對光屏上的某個特定位置來說，雖然來自兩道狹縫上的光線有相同的光程差，但卻無法類似第 6 題的計算過程那樣，凡是光程差爲半波長的地方，就保證會是相消性干涉（例如，波峰與波谷相遇）。這些不同相位的光波所產生的干擾，導致亮暗條紋較不明顯。

8. 這個原理是薄膜干涉，可參考第 IV 冊第 187 頁的圖 31.19。入射光會有兩次反射，第一次在薄膜（圖 31.19 是汽油層）的上方，也就是與空氣的界面處，第二次是在薄膜的下方，就是與貝殼或蝴蝶的身體組織的界面處。這兩道反射光，在傳播到我們眼睛之前，行走的光程差不同，因而有干涉現象發生。

　　在顏色變化上，值得注意的是，當入射光爲白光，而薄膜的厚度剛好發生讓某色光（如綠色）發生相消干涉時，會出現的顏色是該色光的互補色（洋紅色），而不是暗紋。

9. 這些圓環又稱爲牛頓環。它們所代表的意義，是薄膜的厚度，可說是薄膜的「等厚線」。

10.由於黃光的互補色是藍色，所以我們會看到藍色。當我們小幅挪動觀測的角度（掠射角）時，由於光程差不同，會發生相長或相消干涉的色光不同，所以看到的顏色也會不同。

觀念物理 V
Conceptual Physics - The High School Program

電磁學 · 核物理

第五部

電與磁

第 **32** 章

靜電學

想清楚，說明白

1. 關鍵在「合力」的觀念。雖然電的作用力比重力大很多，但是在物
   體是電中性的情形下，正負電荷之間的吸引力與排斥力會相抵消。
   如第 V 冊第 4 頁的圖 32.1 所示。

2. 靜電作用力與距離的平方成反比，因此，當兩離子的距離加倍時，
   作用力會減爲四分之一；當兩離子的距離變爲三倍時，作用力會減
   爲九分之一。

3. 當電子從你的頭髮離開時，你的身體會由於少了一些負電荷，而帶
   正電。梳子帶走了一些負電荷，所以帶負電。

4. 當帶電體與金屬球相碰時，電荷會由帶電體轉移到金屬球上。由於電子可以在導體上自由移動，且由於電子間彼此的排斥力，電荷會擴散到金箔上（如圖 64a 所示），並讓金箔張開。

5. 不需要。由於感應起電的緣故，只要帶電體靠近驗電器，金箔的角度就會增大。和上一題不同的地方是，因感應起電而在驗電器上產生的電荷，在電性上與原本的帶電體相反，如圖 64b 所示。

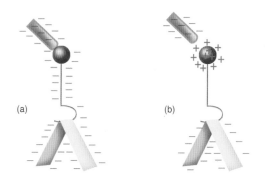

(a)　(b)

◀ 圖 64
(a) 接觸起電
(b) 感應起電

6. 因為電荷是守恆的；電荷不會增加也不會減少，只會從一處轉移到另一處。當玻璃棒獲得電子帶負電時，塑膠袋因為失去電子而帶正電。整體來說，正負電荷的大小沒有任何改變。

7. 在第 III 冊的第三部〈熱〉裡，我們知道溫度是物質分子振動的動能大小。由於電子可以在導電體內自由移動，當溫度升高時，電子可以更容易把這些能量帶到別處，因此，電的良導體也會是熱的良導體。

8. 對導體而言，當有帶電體接近時，會讓它內部的電荷分離，由於靠近彼此的地方帶的是異性電，所以會互相吸引。對絕緣體而言，雖然電荷無法自由移動到物體的某側，但在微觀的原子層次下，電子與質子還是有些許的分離，也就是極化現象。極化現象就是帶電體可以吸引電中性絕緣體的原因。

9. 最初把電子定爲「負電」其實只是歷史的偶然，由於當時無法瞭解微觀的原子結構等等，只能從摩擦起電中，任意規定塑膠棒與毛皮摩擦之後，塑膠棒上帶著的是負電。人們是到後來才瞭解到，原來會移動的電荷，只有電子，而物體之所以帶正電，是因爲少了負電荷的電子。因此，假使當初把電子的電荷定爲正電，在研究異性電之間的作用力大小時，還是會得出這個作用力的大小與帶電量乘積成正比，與距離平方成反比的定律形式。換句話說，庫倫定律在形式上，不會有任何改變。

10.雖然電子彼此會互相排斥，但是每個電子還是受到來自原子核質子的強大吸引力（庫倫靜電力），因此金屬導體內的「自由電子」，只能在導體內自由移動，無法跳出銅板。而且，由於原子核中的質子帶正電，彼此也有強大的排斥力，而電子的存在，剛好抵消原子核質子之間的排斥力。這些吸引力與排斥力互相平衡的結果，就是我們看到銅原子聚集在一起。

對金屬而言，自由電子可以看成是由所有的原子核所共用，因此與非金屬相比，金屬有較大的延性與展性。若是想要電子掙脫束縛，脫離銅板，我們需要對銅板加高溫，增加電子的動能，還得在外部施加強大的電場，提供足夠的吸引力，才可能辦到。

第 **33** 章

電場與電位

想清楚，說明白

1. 電場只與電荷產生交互作用力，而且有吸引力與排斥力之分。重力場只與質量有交互作用力，只有吸引力而沒有排斥力。

2. 重力場指向地球的意思是，若有任何質量在這個重力場裡面，所受到的作用力方向是朝向地球，也就是地球與該質量之間有吸引力。由質子產生的電場方向朝外，意思是：若有一個正電荷在這個電場裡，它會受到一個遠離質子的作用力（朝外），也就是排斥力；若是有負電荷在這個電場裡，它會受到一個朝向質子的作用力（朝內），也就是吸引力。

3. 如次頁的圖 65 所示，質子會朝帶負電的極板運動，電子則朝帶正

電的極板運動。由於電子的質量遠小於質子，所以有較大的加速度，會較快抵達極板。

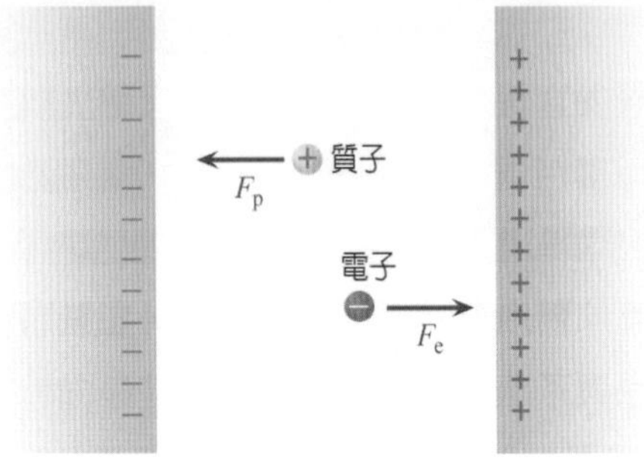

▶ 圖 65

平行板電容器的兩片極板，對質子與電子所產生的靜電吸引力是一樣大的。

4. 由庫倫定律，我們知道，靜電力或電場強度與距離平方成反比，所以當距離加倍之後，電場強度會減為原來的四分之一。

5. 因為電性之間有同性相斥的特性，加上電荷（主要是電子）在導體內可以自由移動，所以電荷會位在導體表面。這是它們彼此互相排斥，而且希望彼此相隔得愈遠愈好的結果。

6. 角落上的電荷密度會比較大。唯有如此，導體內部的電場才會等於零。否則這個檔案櫃會有源源不絕的電流產生，違反能量守恆定律。

這個現象也稱為「尖端放電」，導體內部的電場為零，是造成物體尖端放電的原因，避雷針是這個現象的重要應用。

7. 不正確。我們需要補充一個前提：「對於相同電量的電荷」，在兩

倍高的電位處，才具有兩倍的電位能。

根據定義，電位能＝電位×電荷，也就是說，電位是「電場中的高度」。以重力位能的情形來比喻，物體在某個高度的重力位能大小，除了高度，還與它的質量有關，所以我們不能說，愈高的位置，重力位能愈大。

8. 是的。帶電的氣球，電位（電壓）雖然高，但是由於帶電量少，所以電能也少。就像火花棒的火花，雖然溫度高，但是由於質量少，比熱也小，所以熱量小，對人的傷害不大。

9. 電容器的淨電荷是零。因為正、負電荷的數量一樣，所以相加之後的淨電荷為零。

10. 由於毛髮上聚集了同性的電荷，彼此互相排斥，而且毛髮的質量小，也比較柔軟，所以就豎了起來。

實戰演練

1. (a) 根據電位（電壓）的定義：

$$電壓差 = \frac{電位能差}{電荷} = \frac{12J}{0.001C} = 12,000V$$

(b) 在 B 點把電荷釋放之後，電位能會轉換為動能，由能量守恆定律可知，回到 A 點時的電荷動能也是 12 焦耳。

2. (a) 還是根據定義：

$$電壓差 = \frac{電位能差}{電荷} = \frac{24\,J}{0.002\,C} = 12{,}000\,V$$

從這個數據，我們可以清楚看出來，A 與 B 兩處的電位差，與測試電荷（題中被推動的電荷）的電量大小無關。

(b) 根據能量守恆定律，回到 A 點時的動能為 24 焦耳，剛好就是在 B 點的電位能大小。

電 流

想清楚，說明白

1. 乍看之下，這個數據的確很驚人。不過，若是知道這些微小的帶電
   粒子，進行的是隨機的熱擾動，那麼雖然個別的速率很高，但是就
   電器整體來看，因為彼此互相抵消，所以不會有任何電流產生，因
   此不必擔心這個警告標示的內容。

   不過，對所有的電器來說，使用前閱讀使用手冊與安全警示，小心
   使用總是沒有錯。

2. 安培是電流的單位，1 安培是指每秒有 1 庫倫的電荷流過，是一個
   流動的量；安培數愈高，表示電荷的流量愈大。

   伏特是電壓（或電位）的單位，是指在某兩個位置之間，1 庫倫的
   電荷有 1 焦耳的能量差，這是促成電荷流動的物理量；伏特數愈

高，表示能促成電荷流動的能量愈大。

3. 因為粗導線的電阻較小。

4. 使用電阻較小的延長線來接駁電熱器，才不會浪費電能。增加了延長線之後，電熱器與延長線整體的電阻會增大：

$$R = R_{電熱器} + R_{延長線} > R_{電熱器}$$

從電功率的公式來看：$P = IV = I \cdot IR = I^2 R$
由於整體的電阻增大，導致流過電熱器本身的電流減小，因此降低了電熱器發熱的功率。

5. 道理與第 4 題相同，當電鑽外接了一條長的延長線時，它的功率會較使用短延長線時為低，所以轉速會較慢。

6. 由歐姆定律 $I = V / R$，我們知道，同一個燈泡的電阻值固定，電壓愈大時，流過的電流也愈大。因此，與接 110 伏特的電壓相比，接上 220 伏特電壓的燈泡，會有 2 倍大的電流通過。

7. 由歐姆定律 $I = V / R$ 可以看得出來，當電壓與電阻同時加倍，或同時減半，對電流大小來說，是沒有影響的。

8. 汽車車頭的燈泡，使用的是直流電源（蓄電池）。家裡一般使用的燈泡則是交流電源。

9. 回想我們在第 IV 冊關於波的討論，每秒 60 赫茲的頻率是指每秒有 60 次的振動，而一次振動是指往返一次，回到原點，共改變了方向兩次。因此，電子在每一秒鐘裡，運動方向就改變了 120 次。

10. 把電功率的公式稍微改寫一下：$P = IV = (V / R) \cdot V = V^2 / R$
   我們可以清楚看出，在相同的電壓下，電功率與電阻成反比，因此 40 瓦特的燈泡有較大的電阻。

沙盤推演

1. 從電流的定義，

$$I = \frac{\Delta Q}{\Delta t} = \frac{10\,C}{5\,s} = 2\,A$$

   我們知道電流大小是 2 安培。

2. 從電流的定義，

$$I = \frac{\Delta Q}{\Delta t} = \frac{35\,C}{0.001\,s} = 35{,}000\,A$$

3. 從歐姆定律，

$$I = \frac{V}{R} = \frac{120\,V}{14\,\Omega} = 8.6\,A$$

4. 從歐姆定律，

$$I = \frac{V}{R} = \frac{240\text{ V}}{60\,\Omega} = 4\text{ A}$$

5. 從歐姆定律，

$$I = \frac{V}{R} = \frac{9\text{ V}}{90\,\Omega} = 0.1\text{ A}$$

6. 從歐姆定律，

$$I = \frac{V}{R} = \frac{6\text{ V}}{1{,}200\,\Omega} = 0.005\text{ A}$$

7. 從歐姆定律，

$$R = \frac{V}{I} = \frac{3\text{ V}}{0.4\text{ A}} = 7.5\,\Omega$$

8. 由電功率的公式 $P = IV$ 可知，

$$I = \frac{P}{V} = \frac{140\text{ W}}{120\text{ V}} = 1.17\text{ A}$$

實戰演練

1. 從歐姆定律，

$$V = IR = (2\text{A})(8\Omega) = 16\text{V}$$

2. 從電壓的定義：

$$V = \frac{W}{q} = \frac{18\,\text{J}}{3\,\text{C}} = 6\,\text{V}$$

在單位的運算中，同學應該有注意到：焦耳除以庫倫等於伏特。

3. (a) 由於 $P = IV$，所以

$$I = \frac{P}{V} = \frac{1{,}200\,\text{W}}{120\,\text{V}} = 10\,\text{A}$$

同學應該稍微想一下，為什麼「瓦特除以伏特會等於安培」？

(b) 從歐姆定律可知，

$$R = \frac{V}{I} = \frac{120\,\text{V}}{10\,\text{A}} = 12\,\Omega$$

4. 從電功率的公式 $P = IV$ 可知：

$$I = \frac{P}{V} = \frac{40\,\text{W}}{120\,\text{V}} = 0.33\,\text{A}$$

5. 利用歐姆定律，改寫電功率的公式：

$$P = IV = (\frac{V}{R}) \cdot V = \frac{V^2}{R} = \frac{(120\,\text{V})^2}{14\,\Omega} = 1028.6\,\text{W}$$

細心的同學應該注意一下單位的運算：伏特的平方除以歐姆等於瓦特。

6. 一度電就是使用一千瓦小時的電能。 5 瓦特的鐘使用一年共消耗電能：

$$E = \frac{5\,\text{W} \times 1\,\text{yr} \times 365.25\frac{\text{day}}{\text{yr}} \times 24\frac{\text{hr}}{\text{day}}}{1,000\,\text{W} \cdot 1\,\text{hr}} = 43.83\,\text{度}$$

由於 1 度電的電費是 1 元，所以使用該電子鐘一年的電費是 43.83 元（約 44 元）。

第 35 章

電 路

想清楚，說明白

1. 電器用光的東西是「電能」，電能是能量的形式之一。當電器把電能用光之後，就沒有能量可以透過電器而轉換成其它的形式。換句話說，例如電器是個燈泡，當電池裡的電能被用光了之後，燈泡就無法再把電能轉換成光能與熱能，所以燈泡便不會再發光。我們需要更換電池，或是補充電能，才能讓燈泡繼續發光。

2. 以免鳥的翅膀張開之後，造成兩條電線間的短路。

3. 不把家中的電器串聯，是為了避免某個電器壞掉之後，家中所有的電器便會停擺。串聯電器的另一個缺點是，愈多個電器串聯之後，總電阻會增大，使得流過每個電器的電流減小，降低了電器的電功

率。以燈泡為例，愈多燈泡串聯之後，每個燈泡的亮度會愈小。

4. 由於手電筒上的電池數目不變，則總電壓不變，愈多個燈泡串聯之後，總電阻愈大，總電流也就愈小；對串聯的燈泡來說，流過個別燈泡的電流，與總電流相等，也就是說，流過個別燈泡的電流會減小。從電功率公式 $P = I^2 R$ 來看，由於燈泡的電阻固定，當流過的電流減小時，電功率也會跟著減小；也就是說，亮度會隨著串聯燈泡數的增加而減小。

5. 由於每個並聯的燈泡，都有相同的電壓大小，因此流過個別燈泡的電流也都相等，每盞燈泡的亮度並不會隨著並聯燈泡數目的增加，而有任何改變。

6. (a) 就亮度而言： A ＝ B ＜ C。

   (b) 流過 C 的電流最大。

   (c) 如果把燈泡 A 鬆開，與它串聯的燈泡 B 會熄滅，而燈泡 C 則不會有任何變化。

   (d) 如果把燈泡 C 鬆開，則燈泡 A 與 B 的亮度不變，與燈泡 C 鬆開前沒有兩樣。

7. 並聯會讓燈泡的亮度較亮，也會讓電池裡的電能較快耗完（能量守恆）。

8. 同學千萬不要掉入計算的陷阱中，只要從最基本的觀念出發，即可得到答案：若兩條燈絲中斷掉一條，燈泡還能繼續發光，則這兩條

燈絲必定是並聯的。

9. 如圖 66 所示，把流過個別並聯元件上的電流，全部相加，所得結果就是供電線上的總電流，所以二者是相等的。

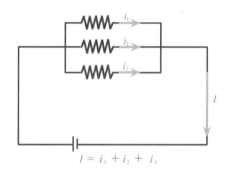

$$I = i_1 + i_2 + i_3$$

◀圖 66
並聯分支上的電流之和，
等於總電流。

10.(a) 兩個燈泡串聯之後，流過個別燈泡的電流等於總電流，因此流過這兩個燈泡的電流是一樣大的。如圖 67a 。

(b) 若燈泡並聯，則二者的電壓相同。從電功率公式 $P = IV$ 來看，在電壓相同的條件下，電流與電功率成正比，所以電功率較大的 100 瓦特燈泡，有較多的電流流過。如圖 67b 。

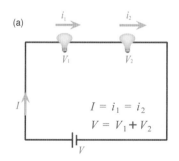

(a)

$$I = i_1 = i_2$$
$$V = V_1 + V_2$$

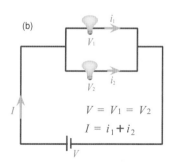

(b)

$$V = V_1 = V_2$$
$$I = i_1 + i_2$$

◀圖 67
(a)串聯時電流相同，
(b)並聯時電壓相同。

沙盤推演

1. 如圖 68 ：

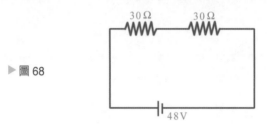

▶ 圖 68

$$V = 48\,\text{V}$$

$$R = R_1 + R_2 = 30\,\Omega + 30\,\Omega = 60\,\Omega$$

由歐姆定律：

$$I = \frac{V}{R} = \frac{48\,\text{V}}{60\,\Omega} = 0.8\,\text{A}$$

2. 如圖 69 ：

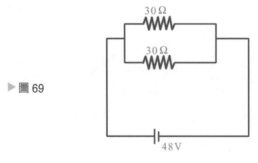

▶ 圖 69

$$V = 48\text{V}$$

$$\frac{1}{R} = \frac{1}{R_1} + \frac{1}{R_2} = \frac{R_2 + R_1}{R_1 R_2} = \frac{30\,\Omega + 30\,\Omega}{30\,\Omega \times 30\,\Omega} = \frac{60\,\Omega}{900\,\Omega^2}$$

$$\Rightarrow \quad R = \frac{900\,\Omega^2}{60\,\Omega} = 15\,\Omega$$

由歐姆定律：

$$I = \frac{V}{R} = \frac{48\,\text{V}}{15\,\Omega} = 3.2\,\text{A}$$

實戰演練

1. 並聯的兩個電阻之等效電阻為

$$\frac{1}{R} = \frac{1}{R_1} + \frac{1}{R_2} = \frac{R_2 + R_1}{R_1 R_2} = \frac{8\,\Omega + 16\,\Omega}{16\,\Omega \times 8\,\Omega} = \frac{24\,\Omega}{128\,\Omega^2}$$

$$\Rightarrow R = \frac{128\,\Omega^2}{24\,\Omega} = 5.3\,\Omega$$

2. (a) 中間 10 Ω 的那一對電阻是並聯的。從第 V 冊的第 85 頁起的 35.6 節課文，我們知道，相同的兩個電阻並聯之後，等效電阻值是個別的一半（圖 35.8）。因此，它們的等效電阻是 5 Ω。

(b) 如次頁的圖 70 所示，整個電路可視為是由 20 Ω、5 Ω 與 15 Ω

三個電阻串聯的結果。因此整個電路的等效電阻為 20 Ω ＋ 5 Ω ＋ 15 Ω，等於 40 Ω。

▶ 圖 70

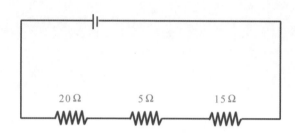

3. 從並聯的等效電阻計算公式來看：

$$\frac{1}{R_{等效}} = \frac{1}{R_1} + \frac{1}{R_2} + \frac{1}{R_3} + ... + \frac{1}{R_n}$$

由於 $R_{等效} = 0.5\Omega$ ， $R_1 = R_2 = R_3 = ... = R_n = 4\Omega$

$$\frac{1}{0.5\Omega} = \frac{1}{4\Omega} + \frac{1}{4\Omega} + \frac{1}{4\Omega} + ... + \frac{1}{4\Omega} = \frac{n}{4\Omega}$$

解得 n ＝ 8 。也就是，共需要 8 個 4 歐姆的電阻並聯之後，才會得出 0.5 歐姆的等效電阻。

4. 通過電池的電流大小，就是總電流。在計算出總電流之前，只要先計算出等效電阻，就可以透過歐姆定律，得出總電流大小。
與「實戰演練」第 2 題的觀念相同：中間 30 Ω 與右側 30 Ω 的那一對電阻是並聯的，所以他們的等效電阻是 15 Ω。再與 5 Ω 的電阻

串聯，所以整體的等效電阻是 20 Ω （＝ 15 Ω ＋ 5 Ω）。

由歐姆定律：　$I = \dfrac{V}{R} = \dfrac{10\text{ V}}{20\,\Omega} = 0.5\text{ A}$

5. (a) 4 條 6 歐姆的電阻線並聯之後，等效電阻是

$$\frac{1}{R_{等效}} = \frac{1}{6\,\Omega} + \frac{1}{6\,\Omega} + \frac{1}{6\,\Omega} + \frac{1}{6\,\Omega} = \frac{4}{6\,\Omega}$$

$$\therefore R_{等效} = \frac{6\,\Omega}{4} = 1.5\,\Omega$$

(b) 由歐姆定律，總電流　$I = \dfrac{V}{R} = \dfrac{12\text{ V}}{1.5\,\Omega} = 8\text{ A}$

磁　學

想清楚，說明白

1. 靜止的電荷周圍有靜電場，運動中的電荷周圍有磁場。

2. 電子自旋是物質具有磁性的主因。由於運動的電荷是造成磁場的成因，對大部分的物質來說，電子自旋所產生的磁場強度，大於軌道運動所產生的磁場強度。然而，對大多數的原子來說，往往有成對的電子，其自旋方向相反，導致磁場互相抵消。只有像鐵、鈷、鎳等磁性材料，它們的電子自旋磁場沒有完全互相抵消。

  鐵之所以能造成磁鐵，除了鐵原子本身有很強的磁場之外，更重要的是由於這個性質，使得相鄰的鐵原子彼此會互相影響，使得一大群原子會順著某個磁場方向整齊的排列起來，這一大群磁場方向相同的原子稱爲「磁域」（見第 V 冊第 104 頁的圖 36.6）。由於熱擾動

的緣故，磁域方向是凌亂的。不過，只要我們能設法讓這些磁域方向一致，例如置放在強力磁場中，鐵就會變成磁鐵了。

3. 由磁力造成的。

4. 不論磁體的磁力強弱，根據牛頓第三運動定律，它們彼此之間的吸引力是一樣大的；就像質量（或電量）不同的兩個物體，彼此間的重力（或靜電吸引力）是一樣大的。

5. 因為鐵塊內部的磁域，受線圈內的磁場感應而整齊排列，增強了磁場強度。

6. 加速器中的電場讓帶電粒子加速（速率增加），磁場則因垂直於粒子的運動方向，而讓粒子做圓周運動。

7. 因為磁場方向永遠與帶電粒子的運動方向垂直。（同學請回憶第 II 冊第 9 章關於圓周運動與向心力的討論：加速度可有兩個分量，與運動方向平行者，會增加運動的速率，與運動方向垂直者，會改變運動方向。）

8. 當帶電粒子的運動方向垂直於磁場時，受到的磁力最強；平行於磁場時，受到的磁力作用最弱，磁力等於零。

9. 鴿子頭部的這些「小磁鐵」，類似指南針，可以幫助感受到地磁作用，辨別南北方向。

10.地球失去磁場保護的期間，由於宇宙線轟射加劇，基因容易突變，使得物種容易發生突變。

電磁感應

想清楚，說明白

1. 因為尼龍弦無法被永久磁鐵磁化，所以在振動時，不會讓線圈內的磁場發生變化。

2. 從能量守恆的觀點來說，當輸出的能量增加時，輸入的功（能量）也必須增大。由於電樞運動的距離固定，從功的定義來看，需要施較大的作用力才行。

3. 同上題，若把燈泡關掉，的確會省一些力。
   進一步來說，利用車輪發電的發電機，一般是利用轉動的車輪去帶動電樞，即使沒有使用電能，在轉動電樞時，線圈本身就會遭遇一股阻力。第 V 冊課文第 37.1 節的後半段，已用能量守恆定律來說明

這個現象，這個現象就是有名的冷次定律（Lenz's law）。所以，實際的設計是，在不需要使用電燈時，開關會把發電機從車輪上移開，如此可以節省腳踏車騎士較多的力。

4. 正常的馬達由於需要抵抗磁場做功，所以導線上有較大的電阻，使得流過的電流較小。然而，若是馬達（電動機）卡住時，馬達不必再反抗磁場做功，電動機內的電線原本就是低電阻的導線，此時就和「短路」一樣，電流增大，電動機會過熱。

5. 小線圈裡的磁場發生變化，會感應出電流。錄音帶、錄影帶，或是電腦所使用的磁碟片，都是實際應用的例子。

6. 原理與第 5 題相同。實際應用的例子有信用卡、金融卡或電話卡等。

7. 閉合環圈內的的磁場會因而改變。由於鋼鐵是磁性材料，當汽車出現在線圈內部時，就像線圈內加了鐵心一樣，磁場會略為增大，因而可以感應出一股電流脈衝。這可以做成計數器，或是測試汽車是否有超速等，其它實際應用就看同學們的創意了。

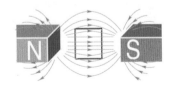

▲ 圖 71

8. 只要通過線圈所圍面積內的磁場大小不變（比較嚴格的說法是磁通量沒有變化），就不會有感應電流或電壓產生。如圖 71，讓線圈的平面平行於磁力線方向即可。

9. 交流電才會讓主線圈內部的磁場發生變化，透過鐵心的傳導，使得

次線圈內的磁場發生改變。由於線圈數目不同，因而產生電壓改變的效果。

若通過主線圈的電流是直流電，則產生的磁場大小維持不變，對副線圈而言，磁場大小也是固定不變，因而不會有任何感應電壓或電流產生。

10.不能提升電能。由於能量守恆，變壓器只能改變電壓高低，無法增加電能。

深入演練

從電功率的公式，我們可以進一步做定量的討論：由於電功率等於電壓與電流的乘積，從能量守恆定律可知：

$$輸入主線圈的電功率 = 主線圈輸出的電功率$$

$$主線圈電壓 \times 主線圈電流 = 副線圈電壓 \times 副線圈電流$$

因此，當我們希望從副線圈得出較高的電壓時，從副線圈輸出的電流就會小於主線圈的電流。

11.這個偉大的構想違反了能量守恆定律。把發電機產生的電能，透過變壓器升壓之後，電能並沒有增大（參考第 10 題），然而，你還是需要先輸入電能，才能推動電動機，然後才能開始發電。簡單講就是：天下沒有白吃的午餐。

實戰演練

1. 我們知道變壓器的原理，取決於主、副線圈間圈數的比例關係：

$$\frac{主線圈電壓}{主線圈匝數} = \frac{副線圈電壓}{副線圈匝數}$$

此式可改寫成：

$$\frac{主線圈電壓}{副線圈電壓} = \frac{主線圈匝數}{副線圈匝數}$$

因此我們從輸入電壓 9 伏特、輸出電壓 36 伏特中，得知主、副線圈間圈數的比例關係（1 比 4），然後就可以得出：當輸入電壓是 12伏特時，輸出電壓為 48 伏特。數學計算式為

$$\frac{9\,V}{36\,V} = \frac{主線圈匝數}{副線圈匝數} = \frac{12\,V}{副線圈電壓}$$

$$\therefore \ 副線圈電壓 = 48V$$

2. 題目的意思是要降低輸出電壓，也就是輸入電壓是 120 伏特，希望輸出電壓為 12 伏特。因此副線圈的匝數須是主線圈的十分之一，也就是 50 匝。數學計算式為

$$\frac{120\,V}{500\,匝} = \frac{12\,V}{副線圈匝數}$$

$$\therefore 副線圈匝數 = 50 \ 匝$$

3. 一樣的道理，利用變壓器的公式

$$\frac{主線圈電壓}{副線圈電壓} = \frac{主線圈匝數}{副線圈匝數}$$

代入數值之後為：

$$\frac{120 \ V}{副線圈電壓} = \frac{400 \ 匝}{40 \ 匝}$$

因此，從副線圈輸出的電壓只有 12 伏特。

第六部

原子與核物理

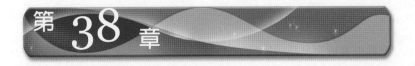

第 **38** 章

原子與量子

想清楚，說明白

1. 一個「量子化了的」物理量，表示該物理量是個「不連續的」數值，比較文言的說法是「離散的」數值。這樣說還是有點抽象，舉例來說比較清楚。物體的帶電量就是一個量子化了的量，我們知道電子是電荷的最基本組成單位，所以物體的帶電量必然是電子電量的「整數倍」。另一個例子是光，原本以爲波動是光的本質，也就是以爲光波像繩子一樣，後來透過「放大鏡」一看，才發現這條繩子是由一粒粒的光子所組成的（比喻而已），若要問這光的能量，發現它也是某個小能量包裹的整數倍，這個「最小的單位」就是我們說的「量子」。

一個日常生活的例子就是「錢」。以台幣來說， 1 元就是量子，不管台幣的金額多大或多小，必然是 1 元的整數倍，也就是我們拿不

出 0.8 元台幣。又如美金的最小單位是 1 分錢（cent），所以不管金額是多少，必然是 1 分錢的整數倍，0.5 分的美金是個沒有意義的金額。

2. 干涉與繞射現象是光的波動性質最有力的證據。光電效應則是光的粒子性質的最佳證據。

3. 光電效應與「滴水穿石」不同。若要把電子從光敏性材料上激發出來，需要的不是很多小能量的紅光光子，而是能量較大的藍光光子。光電效應的機制，可以用撞球與乒乓球來比喻，光敏材料上的電子，好比是個用黏土稍稍黏在桌上的撞球，用普通速率的乒乓球（紅光），很難把那顆撞球撞開，也許只能讓它在原處稍稍振動一下（溫度升高），想把它撞開，需要另一顆撞球。

不過，這個比喻有點瑕疵，因為我們用的是古典物理的能量觀念，與撞球或乒乓球的質量與速率有關；然而在量子物理中，光線的亮暗，差別只是光子數目的多寡。紅光的頻率較低，紅光光子本身的能量較小，強烈的紅光只是光子數較多，也許總能量比微暗的藍光大，然而用它去照射光敏材料時，由於每個光子的能量都太小，仍無法讓電子彈出來。

4. 依蒲郎克的光量子說法，每一個光子所具有的能量為

$$E = hf$$

也就是光子所具有的能量與它的頻率（f）成正比，因此，紫外光的光子較紅外光與可見光光子，具有較多的能量。

5. 綠光較紅光的頻率高，因此個別的綠光光子具有較多的能量。所以，具有較小能量的紅光光子，需要有較多的數量，才能和綠光光束具有相同的總能量。

6. 因為紫外線的光子具有較高的能量，足以傷害到皮膚細胞的結構。而光子能量較低的紅外線，則只會讓皮膚感覺熱，還不至於造成傷害。這種情形很像光電效應。

7. 從德布羅依的物質波理論：

$$\lambda = \frac{h}{p} = \frac{h}{mv}$$

物體的物質波波長與動量（運動速率）成反比，也就是說，運動速率較高的電子，具有較短的波長。

8. 因為日常經驗中的物體，物質波的波長太短了，以致我們無法感受到波動性質。
　（同學可以回想一下，第 IV 冊第 31 章關於光波波長的測量，是利用干涉圖樣的亮暗間隔。而從第 V 冊第 159 頁的 38.5 節，我們知道子彈的物質波波長是 10^{-34} 公尺。請同學設想一下，我們需要多大的儀器，才能看到子彈的繞射效應？）

9. 光子的能量關係是 $E = hf$，若蒲郎克常數的數值變大，則相同頻率的光子能量也會增大。

10.參考第 V 冊第 165 頁的圖 38.11 ，由於氦氣的原子尺寸較氫原子
　小，而且充氣用的不是氫原子，而是氫分子，尺寸就更大了，所以
　氦氣球比較容易漏氣。

第 39 章

原子核與放射性

想清楚，說明白

1. 從中子會自發蛻變成質子與電子（β 射線），可知放射性反應是發生在原子核內部的。此外，放射線中的 α 射線，本身就是氦的原子核，發生衰變的原子核內部結構已經改變，質子數目也改變，而變成完全不同的原子；這與化學變化只發生在原子核外，電子與原子核質子的靜電交互作用，完全不同。

2. 在正常的情形下，我們的身體是電中性的，也就是說，質子數與電子數一樣多。

   至於中子數與質子數的比例，就需要多一些考慮。我們可以利用「費米[*]問題」的思考方式，來估計這個問題的答案。費米問題的精神，是利用粗略但量化的計算方式，來估算問題，我們必須利用身

旁一些熟悉或已知的常識或數量（例如一支筆的長度、一杯水的重量、你的身高等等），來估計未知的問題。而且，與教科書中常見的問題不同，費米問題往往有許多不同的解法，就看你的創意和巧思了。

我們從身體的組成開始。已知人體的組成中，水約占了三分之二，再加上醣類等碳水化合物，其中氫、氧的比例與水相同。所以我們可以說水占了人體組成的 70%。暫且忽略含量比率不高的同位素，由於氫原子有 1 個質子，氧原子有 8 個質子與 8 個中子，所以，對水分子（H_2O）來說，質子數與中子數的比例約為 10 比 8。

除了水之外，人體的其它主要組成有一半是蛋白質（15%），主要由碳、氫、氧，與其它如氮、硫等元素所組成。另一半是脂肪（15%），組成元素也是碳、氫、氧。除此之外，人體還有些微量礦物質，例如組成骨骼的鈣，或其它電解質等。在這些組成當中，除

*費　米

費米（Enrico Fermi, 1901-1954）美籍義大利裔物理學家，1938 年諾貝爾物理獎得主。二次大戰期間，參與美國新墨西哥州的羅沙拉摩斯（Los Alamos）核彈計畫，在他領導下，人類製造了第一枚原子彈。費米對量子力學的發展，也做出卓越的貢獻。他生平的有趣事蹟相當多，其中最著名的是他對物理問題做數量級估計的能力；據說費米在世上第一枚原子彈試爆時，在距離現場很遠的地方，藉由撒下碎紙片，觀察紙片受空氣壓力衝擊後飄移的距離，經過數分鐘心算後，便估計出核爆的威力相當於數萬噸工業炸藥。這與數星期後，經過精密儀器分析所得到的結果，在數量級上相當，令和他合作的研究人員十分佩服。

了氫原子之外，其它所有的元素，中子數必定等於或大於質子數，而且同位素中的中子數較質子數爲多。不過，由於人體所含的重金屬含量不高，所以中子數不會比質子數多出太多。因此，對這剩下的 30% 人體組成，我們可以假設質子數與中子數一樣多，也就是比值等於 1。

從這兩個假設來做估算，質子數對中子數的比值爲：

$$\frac{10}{8} \times 70\% + \frac{1}{1} \times 30\% = 1.175$$

所以，由於人體的一大部分是由水組成，人體所含有的質子數略多於中子數。（別忘了，由於質子數與電子數一樣多，所以人體基本上還是不帶電的。）

3. 主要是因爲有同位素的關係。週期表中的質量數，是包括了所有同位素之後的平均值。

以氯元素爲例，它有氯 35 與氯 37 兩種同位素，二者質量數不同，那麼該以哪一個質量數做代表呢？由於在自然界中，這兩種氯原子無論是化合態還是游離態，原子含量（即原子個數的比）幾乎是不變的，所以任何一種氯原子的質量數都不適合做爲代表，只有平均值比較恰當。實驗可以測出這兩種氯原子的百分含量，分別爲 75.77% 與 24.23%，也就是從自然界中任取 10,000 個氯原子，其中會有氯 35 原子 7,577 個，氯 37 原子 2,423 個（無論是化合態還是游離態），因此

$$氯的近似質量數 = 35 \times 0.75 + 37 \times 0.25 = 35.5$$

4. 已知：

$$原子序 = 質子數 （=電子數，電中性時）$$
$$質量數 = 質子數 + 中子數$$

所以，在原子核中加入一個質子時，原子序與質量數都會增加 1。
若加入的是中子，則原子序不變，但質量數會增加 1。
元素的化學性質，取決於原子核外的電子數目，所以與原子序的關
係密切，而與質量數大小無關。

5. 元素的同位素均有相同的質子數，也就是原子序相同，核外的電子
數目與排列方式都相同，因此，同位素有相同的化學性質。然而，
因為中子數目不同，所以質量數不同，也就是原子的質量不同，進
行衰變的方式不同，放射出來的放射線不同，半衰期也不同。

6. 因為放射線本身就具有能量，不論是 α 射線（氦核）、β（電子）
或 γ（電磁波），在它們從放射線物質射出來之前，皆會引起該物
質內部的一些熱擾動，使得溫度稍高。

7. 我們知道經過一個半衰期，放射性物質的含量會減半。所以，要剩
下原有含量的 1/16：

$$1 \rightarrow \frac{1}{2} \rightarrow \frac{1}{4} \rightarrow \frac{1}{8} \rightarrow \frac{1}{16}$$

需要經過 4 個半衰期。比較數學的寫法是：

$$(\frac{1}{2})^n = \frac{1}{16} \qquad \therefore n = 4$$

所以需要 $30 \times 4 = 120$ 年。

8. 由於核能電廠使用的核燃料會放出危險的 γ 射線，只有厚重的鉛板可擋住它，因此在核能電廠附近，有許多鉛板與混凝土，用來阻隔輻射。媒的主要成分是碳，在火力發電廠附近，有許多由碳 14 所放射出來的輻射，主要是 β 射線，因為危險性較低，沒有特別的輻射保護，反倒有較強的環境輻射。

9. 危險的輻射主要是指 γ 射線，主因是 γ 射線的穿透力強。本質是電磁波的 γ 射線，可以在原子的尺度（與細胞分子發生交互作用的尺度），造成分子結構的改變，而這類的改變通常都是有害的。

本質為電子的 β 射線，也可能會損害到一些細胞分子，不過因為它的穿透力較弱，損害較小。

10.(a) 鉍 213 的原子序是 83，放出一個 α 粒子之後，質子數會少 2 個，中子數也會少 2 個。所以，新元素的原子序是 81（$= 83 - 2$），質量數是 209（$= 213 - 4$）。原子序 81 的元素是鉈（Tl），寫成反應式為：

$$^{213}_{83}\mathrm{Bi} \rightarrow \,^{209}_{81}\mathrm{Tl} + \,^{4}_{2}\mathrm{He}$$

(b) 如果放出的是 β 粒子，則表示有一個中子變為質子，換句話說，質量數沒有變化，但是原子序增加 1，成為原子序為 84 的釙（Po），寫成反應式為：

$$^{213}_{83}\text{Bi} \rightarrow ^{213}_{84}\text{Po} + ^{0}_{-1}\text{e}$$

11. 對原子序 3 的鋰 6 來說，有 3 個質子與 3（= 6 − 3）個中子。

對原子序 6 的碳 14 來說，有 6 個質子與 8（= 14 − 6）個中子。

原子序 26 的鐵 56，有 26 個質子與 30（= 56 − 26）個中子。

原子序 80 的汞 201，有 80 個質子與 121（= 201 − 80）個中子。

原子序 94 的鈽 239，有 94 個質子與 145（= 239 − 94）個中子。

12. 由於輻射強度與距離的平方成反比，所以距離加倍之後，強度減爲四分之一；距離增爲三倍時，強度則減爲九分之一。因此，在 2 公尺的距離處，讀數是 25（= 100 × 1/4）；在 3 公尺處，讀數是 11.1（= 100 × 1/9）。

13. 若想產生原子序較高的元素，原子核內的質子數必須增加。因此，可能的情形有：

(1) 有一個中子變成質子，放出 β 射線（電子）。

(2) 以放射線粒子或高能粒子（如質子或 α 粒子）來撞擊原子核。

(3) 核融合（請參考第 40 章的討論）。

14. 因爲 α 射線無法穿透紙片，所以名牌內的底片是用來檢測 β 射線與 γ 射線的。

15. 石頭器具等非生物物品，無法利用碳的同位素來定年，須藉由其它放射性礦物，例如鈾礦來定年。

第 40 章

核分裂與核融合

想清楚，說明白

1. 由於中子不帶電，在運動的過程中，比較不易受到干擾。反觀質
子，因為帶有正電荷，容易受到原子核外的電子的吸引，或原子核
內其他質子的排斥 —— 與中子相比，在進入原子核引發核反應的過
程，比較容易受到靜電力的干擾。

2. 因為從核分裂發射出來的中子，在物質中行進一段距離之後，遇到
另一個原子核，才會引發另一次的核分裂，此時產生的中子再去引
發其它的核分裂。若是該物質（例如鈾）的體積太小，新產生的中
子可能在遭遇到其它原子核之前，便衝出了物質表面。只要每個中
子平均無法觸發一次核分裂，連鎖反應就無法繼續。請參考第 V 冊
第 209 頁的圖 40.4 。

3. 機會反而減少了。由於核分裂發射出來的中子，是朝四面八方運動的，當鈾塊給壓成大餅形狀之後，原本可以在三維空間觸發其它核分裂的中子，只剩下二維的平面，逸出表面的中子數大為增加，降低了遭遇其它原子核的機率。

4. 因為鈽的活性大，很容易與氧化合，形成 PuO 、 PuO_2 、 PuO_3 等化合物。而且鈽的半衰期只有 24,000 年，也不算長，所以自然界中的含量不高。

5. 關鍵在於質能的等效性。對不同的元素來說，原子核內的核子（質子與中子）的平均質量都不相同，這些質量上的差異，與核子之間相結合的位能有關。具體來說，可以參考第 V 冊第 219 頁的圖 40.13 ，由於鐵的核子結合得最為緊密，所以核子的結合能最大，因而核子的平均質量最小。

當重元素發生核分裂之後，產物（包含射出的中子）的總質量會小於原來的原子核的質量，這個質量差，依照愛因斯坦有名的 $E = mc^2$ 公式，就是核分裂所釋放出來的能量。以鈾 235 遭中子撞擊之後，分裂成一個氪 36 、一個鋇 56 與三個中子的反應為例：

$$_0^1n + _{92}^{235}U \rightarrow _{36}^{91}Kr + _{56}^{142}Ba + 3(_0^1n)$$

反應前後，質子數都是 92 ，中子數都是 144 ，光看這兩個數字，無法得出質能等效的結論。同學（或那位家教）還必須瞭解到，在氪與鋇的原子核裡，由於核子（質子與中子）結合得較為緊密，所以平均質量較小。因此，雖然反應前後有相同數目的質子與中子，

但是卻存在質量差，這就是核能的來源。並不是因爲有質子或中子（甚至是原子核）消失的緣故！

6. 原子核中的核子（質子與中子）在結合之後，由於多了結合能，使得平均有效質量減少，因此原子核的質量，比把核子個別加起來的質量，來得輕一些。

7. 如果能量差距從 0.1% 變爲 1%，增大了 10 倍，從質能等效公式 $\Delta E = \Delta mc^2$ 來看，釋放出來的能量（ΔE）與質量變化量（Δm）成正比，所以核分裂釋放出來的能量也會增大 10 倍。

8. 核反應所釋放出來的核能，主要是來自核子平均有效質量的變化。第 V 冊第 220 頁的圖 40.14 與第 221 頁的圖 40.16，就是兩種運用第 219 頁的圖 40.13 的方式。藉由元素的原子序，找出它們在圖 40.13 的位置，或是利用原子的質量表，都可以得出反應前後的能量差，再利用質能等效公式 $\Delta E = \Delta mc^2$，把減少的質量乘以光速的平方，即可得出核能大小。

9. 同樣從第 V 冊第 219 頁的圖 40.13 可知，由於鐵是核子質量最小的元素，凡是能讓原子核朝鐵的方向轉變的，都會放出能量。比鐵輕的元素（例如碳），是藉由核融合反應，來釋放核能；比鐵重的元素（例如金）則藉由核分裂，來釋放核能。
至於鐵本身，由於它的核子本身已經具有最大結合能，所以我們無法再藉由核反應，讓它釋放出核能。

10.從原子序來看，鈾 92 有 92 個質子，分裂成 3 個大小相當的原子核
之後，每個新元素都有大約 30 個質子，也就是在原子序上，他們
會更靠近鐵 26 。然而與實際的分裂產物氪 36 與鋇 56 相比，從第
V 冊第 219 頁的圖 40.13 看來， 3 個新元素的核子質量會較小，也
就是核分裂損失的質量會較多，釋放出的能量也較多。

編輯
故事

觀物理，念物理

林榮崧（天下文化科學館總監）

　　三十年前，我正要考高中的時候，看到報紙上有位物理名師，幫考生做考前叮嚀。他寫說：「要考好物理，第一是觀念，第二是觀念，第三還是觀念 ……」

　　這種句型，現在看來很熟悉，就像賣房子的人告訴你：「好宅的價值，第一是地段，第二是地段，第三還是地段 ……」，或是作家告訴你：「百年來白話文壇泰斗，第一是我李某人，第二是我李某，第三還是我李某人 ……」這無非是想再三強調，文壇泰斗是我李某人，好宅的價值在於地段，而學物理、考好物理，最重要的就是「觀念」！

　　那麼「觀念」到底是什麼？我其實一直沒弄懂，雖然一路考試過來，也念了跟物理相關的系所，可是我總覺得自己的觀念還是不清不楚。

　　直到十年前，天下文化的譯者蔡坤憲老師，遠赴紐西蘭攻讀物理教育學位之前，送給我一本他自己編寫的《野人獻曝集：來自坤憲的推薦書單》，第一本推薦的書叫《*Conceptual Physics*》。坤憲寫道：

> 我之所以想推薦這本書，因為作者將「數學」拿掉了，
> 如果天下文化覺得這本書值得翻譯，我們還可以把「英文」也拿掉，
> 讓更多人可以「享受」物理，
> 而且，不只是「享受」周邊外圍的知識，而是真正的物理「觀念」。

　　啊哈！Conceptual、觀念，又跑出來糾纏我了。

　　我立即從 Amazon 買來這本書，打開瀏覽了起來。作者休伊特的那些簡樸可愛的插畫、清楚曉暢的說明文字和舉例，馬上就打開了我的心防。我不禁讚嘆：要是我念國中高中的時候，就能讀到這本《觀念物理》，該有多好！

　　讀了更多篇幅之後，我發現，自己這才開始真正瞭解物理的觀念，才開始懂得如何「觀」萬物之理、如何「念」物理。二十年的鬱悶，幾乎一掃而空。

　　接下來，要出中文版，就是得解決充滿波折的洽購版權過程，然後請坤憲、雲惠（她曾經想進物理系、後來攻讀科學史，嫁給物理學者坤憲）、師明睿博士、陳可崗教授這個堅強的譯者群來翻譯，再由天下文化的科學專業編輯團隊來編校，於 2001 年 6 月底首印出版。

　　書出版後這幾年，讀者的好評和回響不斷。譬如有人說：「這是我讀過最棒的物理參考書，也是唯一能讓我搞懂物理老師上課到底在講些什麼的寶典。」「這不只是一套能幫助學生考試高分的參考書，更是一套可以刺激頭腦思考的優秀科普書。」「每一個學生都應該從《觀念物理》入門，每一位受過教育的人，都應該瞭解其中的觀念。」

　　還有一位「省長」級的讀者很妙，在網路上告訴大家：「建議用班費購買一套放在班上，大家輪流看；或是請老師建議學校圖書館，多採購幾套。」（這當然是因為有些讀者覺得書價好高，其實這又是一個「觀念」問題：到底是每個月花幾千元上補習班，不知所以然的拚命演練物理題型，還是花一千多元買一套好書、終身受用不盡，來得便宜？）

※

2008 年 7 月 29 日，鳳凰颱風飄掠過後，《聯合報》的頭版登出斗大的頭條新聞：「奧林匹亞，我奪五金，《觀念物理》打下基礎！」

這個消息震撼了天下文化全體同仁，原來，《觀念物理》竟然幫助台灣學生打下堅實的物理基礎，因而取得奧林匹亞物理競賽金牌的榮耀；原來，天下文化長期耕耘科學普及書籍的成果，也可以超越政治、災難話題，登上頭版頭條！

這又是一個個「觀念」問題……，事在人為，扎扎實實的努力，總會得到正面回饋的。

※

推出《觀念物理》之後，天下文化又在 2002 年出版《觀念生物學》（這是美國國家科學院院士霍格蘭、才華洋溢的畫家竇德生的共同創作）， 2006 年出版《觀念化學》（作者蘇卡奇是《觀念物理》作者休伊特的外甥，師承舅舅的寫作風格）。至此，「觀念科學三部曲」大功告成了。

當年推薦天下文化出版《觀念物理》的蔡坤憲老師，目前在紐西蘭撰寫物理教育的博士論文，也在台中的逢甲大學教授物理。坤憲最初播下的種苗，顯然已經長出枝葉、開出花、結成果。那年他寫給我的一段話，至今依然令人動容：

科學不該是只有屬於少數菁英，或是學校裡「聰明」小朋友的，

我想這也是你與天下文化的一個信仰。

人們當然可以對物理或是科學沒興趣，

但是，絕對不是因為他們「笨」的關係 ⋯⋯

這真的是一本值得推薦給中學以上的師生的書，

也值得推薦給關心子女教育的家長，

以及對物理有所好奇的人。

在觀念物理之後

再讓數學
成為學習物理的「墊腳石」

蔡坤憲（本書作者）

　　若說《觀念物理》最大的貢獻是，作者把數學暫時移開，讓初學者可以直接接觸物理觀念，享受學習物理的樂趣，進而啟發了進一步研讀物理的興趣。那麼，《觀念物理》就只是起點，而非終點。問題是，我們的下一站是什麼？

　　簡單來說，之前我們先把數學這塊「絆腳石」移走，讓我們可以在學習物理的旅途中，走了一大段路，欣賞了不少好風景。下一站，我們則是要把數學「請」回來，讓數學成為進一步學習物理的「墊腳石」！

　　我在本書第一章〈淺談學習物理的方法〉，比較了「學校物理」與「真正物理」之間的差異，也說明了初學者與物理學家的不同，最後，藉著波利亞在《怎樣解題》一書中提出的解題四大步驟，討論了如何求解「學校物理」問題的一般原則。這些想法與態度，在學習物理的方法上，都還是很重要的。

　　現在，我希望進一步分享：如何讓數學成為學習物理的「墊腳石」。

把數學當成物理的「語言」

　　要讓數學成為我們學習物理的助力，而非阻力，首先要明瞭物理觀念的各種「表示法」。若拿武

俠小說裡的功夫做比喻，觀念好比是心法、內功，而招式、兵器就好比是表達觀念的種種表示法。

當物理學家心中有個想法，或是從實驗中觀察到某個現象、得出某個結論時，他們會用各種不同的方式來表達，例如：語言文字、照片、影片或動畫、觀念圖、表格、函數圖形（x 軸、y 軸各自代表不同意義的圖形）等。當然不可否認的，在這些表示法當中，最重要、最常見、也最讓人覺得不可親近的是利用「數學式」的表示法。

仔細評選這些表示法，當一張照片或示意簡圖，可以抵過千言萬語時，科學家一定會使用這張圖片，然後在它附近輔以文字說明，對不對？那麼，當用一個數學算式便可以表達千言萬語時，你想，我們有什麼理由去排斥數學呢？

如何把數學變成「語言」？

其實，數學（在某種程度上）本來就是一種語言！若能抱持這個心態來看待數學，相信可以省掉許多不必要的麻煩。

我在高三時接觸到一本書——九章出版的《數學學習心理學》，這本書給了我一個啟示，它提到：「符號盲」是大多數人數學不好的原因。了解「符號盲」這三個字的意義後，我感覺心中對數學的千千結，彷彿就在一瞬間解開了！

什麼是符號盲？請先想想，文盲是什麼意思？看不懂「文字」這種「符號」的人，我們稱為文盲；同理，看不懂某個「符號」的意義，就是該符號體系的「符號盲」。

然而，符號並不難理解，因為我們大多是已經有觀念或想法，之後才「發明」符號來做為溝通之用。所以，符號的主要功能在於溝通。例如，廁所門口的圖示——長褲與裙子、菸斗與高跟鞋，或是藍色與紅色的兩款帽子，都是我們常用來區分男廁與女廁的符號。很少人會搞不清楚吧？

符號的好處，在於一個符號便能代表千言萬語，缺點則在於抽象。但事實證明，我們不僅能理解

符號，甚至還常常創造出新的符號。年輕同學所創造出來的「火星文」，不就常常把老師們給考倒了？

　　用數學式來表示物理觀念也有相同的效果，很多情況，一個數學式便能說清楚的觀念，若要以文字來表示，可能需要成千上百個字，甚至還沒辦法說清楚。這就是「數學」之所以成為物理學家最偏愛的「語言」：因為數學既精確、又有效率！

　　《數學學習心理學》這本書建議：閱讀「數學式」時，就像在閱讀外國語言一樣，要時時去思考它的「字」與「句」所代表的意義──「字」是算式中的個別符號，「句」則是整個數式。簡單來說，就是要在心裡，去還原它原本所代表的千言萬語。熟能生巧，就像學習第二外國語一樣，久而久之，聽說讀寫的功力都會增強，自然可以透過「數學語言」來和別人（老師、物理學家）溝通。

　　具體來說，讀書或聽課時，要注意書本或老師在寫下某個公式之前，說了些什麼，而每當感覺聽不懂時，就可以問老師，或問自己：

- 「為什麼要使用這個公式？」
- 「這個公式是怎麼來的？」

　　其實每個步驟都是有理由的，不過，在老師或作者的心裡，往往會對學生或讀者的程度有個預設，然而這個預設未必與每個同學的程度相符，所以從學生的角度來看，在解釋或計算的過程中，往往會有些不清楚的地方。因此，透過上述的方式去審視自己不懂的地方，就顯得非常重要了！

　　簡單一句：聽不懂或看不懂是於事無補的。

以數學為語言的最大優勢：幫助推理過程

數學有另外一個很大的優點，這是其他表示法無法取代的。由於數學的基礎是建立在嚴謹的邏輯之上，所以，我們可以用「數學運算」來取代「邏輯推理」。

這個意思是，當我們面對一個問題時，往往我們會做出一些假設，然後根據這些假設去推理與思考。雖然，不需要數學也能思考，但是若能有數學幫忙，不僅可能提供新的角度，更可能產生始料未及的推論！

我以「鐵鎚敲釘子」為例（如下圖），簡單說明「功—動能定理」。假設鐵槌在碰到釘子之前的速率是 v，把釘子釘進牆壁後，鐵槌是停在釘子上（沒有反彈）。此外，由於這個過程歷時很短，所以，鐵槌與釘子之間的作用力還可以視為常數（定力作用）。換句話說，可以把這整個過程視為是「等加速度運動」。

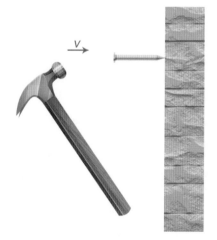

鐵鎚以速率 v 去敲釘子。

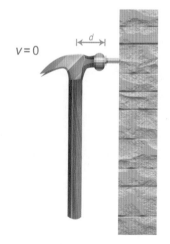

釘子移動了距離 d，
鐵鎚靜止在釘子頂端。

根據運動學的「速度」與「加速度」的定義，鐵鎚運動相關的關係式為：

末速^2 ＝ 初速^2＋2×加速度×距離	帶入數值：釘子移動距離 d， 末速＝0，初速＝v，加速度＝$-a$
$\Rightarrow 0 = v^2 - 2ad$	
$\because \ F = ma \ \therefore a = \dfrac{F}{m}$	根據第二運動定律
$\Rightarrow 0 = v^2 - 2\left(\dfrac{F}{m}\right)d$	簡單的代數運算
$\Rightarrow F \cdot d = \dfrac{1}{2}mv^2$	功的定義：$W \equiv F \cdot d$
$\Rightarrow$ 力×距離＝½×質量×初速^2	

由於我們知道，力與距離的乘積是「功」，所以，最後在這個紅色式子左側（$F \cdot d$）的意義是「功」，那麼式子右側的 $1/2 \ mv^2$ 代表著什麼意義？

觀念上，從「功」與「能」的意義來思考：鐵鎚在從運動狀態變為靜止狀態的過程中，對釘子（外界）做了功。由於能量的意義是「對外界做功的能力」。那麼我們能否說：有份能量儲藏在「鐵槌的運動狀態」中？因為我們從它的「運動狀態的改變」，看到這份能量釋放出來。所以，如果我們想要幫這份能量取個名字，「動能」會不會是最佳的名字呢？

上述這段文字的意義，應該不難理解，然而，試想：如果沒有數學的幫助，我們有可能得出動能等於這個數值嗎？

在計算得出這個數值之後，我們還能繼續推理：當鐵鎚的速率加倍時，「威力」是原本的 4 倍！（嚴格說應是「威能」。當然，以正確的物理術語來說，沒有「威能」這個詞，應該說成「動能」。

在此要強調一下，由於日常生活中有許多類似「威力」的用語，我們很容易混淆物理學中「力」與「能」的概念。）

　　以上的這些想法，如果不借助數學的幫助，而想要得出相同的結論，相信是非常困難的！這也是物理學家喜愛借助數學幫忙的原因。

　　我再進一步詮釋剛剛的那段數學推理過程：由於動能是從「牛頓運動定律」開始推導而得的，所以在本質上，它不是一個新東西，只能說是 $F = ma$ 的延伸。若 $F = ma$ 是正確的，那麼這個「功—動能定理」也會是正確的！這就是以「數學運算」取代「邏輯推理」的威力。

再讓數學成為學習物理的「墊腳石」

　　希望這些簡短的討論，可以讓同學感受到數學的威力，也可以了解如何借助數學來拓展我們的思考能力，讓同學有興趣、有動力進一步努力，把數學學好，讓它成為學習物理的墊腳石。

　　朱熹曾把「學習」兩個字拆開來解釋：

> 未知未能而求知求能，之謂學；
> 已知已能而行之不已，之謂習。

　　「學」是指學會或理解原本不會的知識或技能，而所謂的「習」則是去運用或實行已經學會的知識或技能。

　　我希望藉這段話來強調：懂，只是「中點」而不是「終點」。

　　想把數學變為「墊腳石」，不僅要學習，更要練習！

然而，朱子的話有另一番提醒：「習而不學」好像「雖行而不知」，只是蠻幹卻不知為誰而做、為何而做。這種缺乏思考的反覆練習是沒有意義的。

　　若能經歷「熟能生巧、巧能生懶、懶能生爛、爛則再造」這些階段，未嘗不是件美事！

編注：基於「再讓數學成為學習物理的墊腳石」，蔡坤憲老師將會把多年來研究「學校物理」的心得與教學體驗，寫成新書《觀念物理之獨孤九劍》（牛頓力學祕笈），希望能進一步幫助學習者，徹底掌握「數學語言」的招式，以簡御繁，充分發揮「物理觀念」的內力，讓讀者就像金庸小說裡的令狐沖，習得獨孤九劍之後，行俠仗義，笑傲江湖！

國家圖書館出版品預行編目資料

觀念物理VI： 習題解答／蔡坤憲著. -- 第二版. -- 臺北
市：天下遠見, 2008.06
面；公分. -- （科學天地；206）
ISBN 978-986-216-150-0（平裝）

1. 物理學　2. 試題　3. 中等教育

524.36　　　　　　　　　　　　　　　　　　97009804

閱讀天下文化，傳播進步觀念。

- 書店通路 — 歡迎至各大書店‧網路書店選購天下文化叢書。

- 團體訂購 — 企業機關、學校團體訂購書籍，另享優惠或特製版本服務。
  請洽讀者服務專線 02-2662-0012 或 02-2517-3688＊904 由專人為您服務。

- 讀家官網 — 天下文化書坊
  天下文化書坊網站，提供最新出版書籍介紹、作者訪談、講堂活動、書摘簡報及精彩影音
  剪輯等，最即時、最完整的書籍資訊服務。
  www.bookzone.com.tw

- 閱讀社群 — 天下遠見讀書俱樂部
  全國首創最大 VIP 閱讀社群，由主編為您精選推薦書籍，可參加新書導讀及多元演講活
  動，並提供優先選領書籍特殊版或作者簽名版服務。
  RS.bookzone.com.tw

- 專屬書店 — 「93巷‧人文空間」
  文人匯聚的新地標，在商業大樓林立中，獨樹一格空間，提供閱讀、餐飲、課程講座、
  場地出租等服務。
  地址：台北市松江路93巷2號1樓　電話：02-2509-5085
  CAFE.bookzone.com.tw

科學天地 206

觀念物理 VI
習題解答

作　　者／蔡坤憲
顧 問 群／林和、牟中原、李國偉、周成功
系列主編暨責任編輯／林榮崧
封面設計暨美術編輯／江儀玲
插畫繪製／江儀玲

出 版 者／天下遠見出版股份有限公司
創 辦 人／高希均、王力行
遠見・天下文化・事業群　董事長／高希均
事業群發行人／CEO／王力行
出版事業部總編輯／王力行
版權部經理／張紫蘭
法律顧問／理律法律事務所陳長文律師　　著作權顧問／魏啟翔律師
社　　址／台北市104松江路93巷1號2樓
讀者服務專線／（02）2662-0012　　傳真／（02）2662-0007　2662-0009
電子信箱／cwpc@cwgv.com.tw
直接郵撥帳號／1326703-6號　天下遠見出版股份有限公司

電腦排版／東豪印刷事業有限公司
製 版 廠／東豪印刷事業有限公司
印 刷 廠／立龍藝術印刷股份有限公司
裝 訂 廠／晨捷印製股份有限公司
登 記 證／局版台業字第2517號
總 經 銷／大和書報圖書股份有限公司　電話／（02）8990-2588
出版日期／2001年6月30日第一版
　　　　　2011年11月5日第二版第18次印行

書　　號／WS206
定　　價／450元

ISBN: 978-986-216-150-0

BOOKZONE 天下文化書坊　http://www.bookzone.com.tw